HIRI MOTU

FOR

BEGINNERS

1986 Edition

Department of Language,
University of Papua New Guinea,

PAPUA NEW GUINEA.

Copyright © 1986

Hiri Motu for Beginners

ISBN 978-9980-945-88-4

University of Papua New Guinea Press and Bookshop
PO Box 413
University PO, NCD
Papua New Guinea

All rights reserved, without limiting the rights under copyright reserved above, no part of this document may be reproduced, stored in or introduced into a retrieval system, or transmitted in any form or by any means without the prior written permission of the copyright owner.

INTRODUCTION:

This course is for the Hiri Motu classes at the University of Papua New Guinea. It is designed to teach Hiri Motu at the Beginners level. Most of the vocabulary used in this book is used by Hiri Motu speakers throughout the country.
The name, Hiri Motu as used here, does not refer to "Pure Motu", which is the language spoken by the Motuan villages of the Central Province. Hiri Motu is derived from "Pure Motu" which explains why they are similar.
Non "Pure Motu" speakers comprise almost eighty percent of the Hiri Motu speaking population, and is the most commonly used language throughout the Papuan Provinces.

Dr.T.E.Dutton and Mr.John Baure are specially thanked for producing material and laying the foundation of this course, based on an original draft by Dr.Dutton.
The typists of the Language and Literature department should also be thanked for their part in typing the manuscripts.

If anyone is interested in using the material for similar courses, please contact the address below.
Copies can also be purchased from the University Bookshop.

Language and Literature Department
U P N G

University Post Office
N.C.D

UNIT 1

Conversation

Lesson Points

- Greetings and Farewells
- Yes/No Questions
- Commands

UNIT 1

Conversation (On tape)

A:	Turagu, oi namo?	Friend/Wantok, are you good/alright? (How are you?)
B:	Io, lau namo	Yes I'm fine
A:	Vadaeni, oi noho. Lau lao.	All right, you stay. I'm going.
B:	Vadaeni, oi lao, Bamahuta.	Okay, you go. Cheerio.
A:	Bamahuta.	Cheerio.

Teacher introduces with overhead projector, explanations and pronunciation practice.

Students listen to tape and learn conversation.
(The conversation is recorded in three parts:

Conversation for Listening   (the students listen)
Conversation for Learning   (the conversation is said slowly for the student to learn)
Conversation for Comprehension   (The student listens again to see if he understands)

(Music)

Lesson Points

1.1 **Greetings and Farewells**

Greetings in Hiri Motu are form of a question like oi namo? (lit. 'you good/all right?'). This is the most common but there are others which we will talk about later. Notice that the tone goes up at the end in this question.
(Teacher illustrate again.)

Bamahuta (which means 'go to sleep' in Pure Motu) is the common farewell. It can be used for all occasions and at any time e.g., in the morning or at night.

Yes/No Questions
Yes/No Questions

We have already mentioned that the greeting <u>oi namo?</u> is a question and that the voice rises up at the end. It is a question that expects the answer <u>io</u> 'yes' or <u>lasi</u> 'no'. If the answer is 'yes' you say <u>io, lau namo</u> 'yes, I'm all right' as in the conversation. If you want to say 'no, I'm not all right' you will say <u>lasi, lau namo lasi</u>. You can even add on a bit more to say how you feel. (For example, you can say:)

lau lalohisihisi	I'm sad (sad for oneself)
lau gari	'I'm afraid'
lau badu	'I'm angry'
lau moale	'I'm happy'
lau gorere	'I'm sick'
lau bogahisi	'I'm sad (=stomach pain or bel i pen sad for something or someone.
lau dika	'I'm bad'
lau namo bona dika	'I'm so-so (=not too good and not too bad)
lau hemarai	'I'm ashamed or I'm shy"

The teacher will drill questions and answers with you.

Now try the exercises on the tape:

<u>Exercise 1</u>: How would you ask someone the following things? Ready?

1. Are you sick?
    Oi gorere?

2. 2. Are you sad?
    Oi bogahisi?

3. Are you angry
    Oi badu?

4. Are you all right?
    Oi namo?

5. Are you happy?

        Oi moale?

6. Are you ashamed?

        Oi hemarai?

Exercise 2: If someone asks you <u>oi namo?</u> How will you tell them?

1. You are not good, you are sick.

        Lau namo lasi, lau gorere.

2. Yes, you are all right.

        Io, lau namo.

3. You are so and so, not too god not too bad.

        Lau namo bona dika.

4. No you are not good, you are bad.

        Lasi, lau namo lasi, lau dika.

5. No you are not good, you are afraid.

        Lasi, lau namo lasi, lau gari.

6. No you are not sad, you are shy.

        Lasi lau lalohisihisi lasi, lau hemarai.

1.3 Commands

In the conversation you see that one speaker tells the other to do different things. For example, one says <u>oi noho</u> 'you stay' and <u>oi lao</u> 'you go'. This are commands. They can be used to tell someone to do something, as we just saw, or not to do something, e.g., <u>oi helai lasi</u> "Don't sit'. Notice that <u>lasi</u> 'not' comes at the end.

The teacher will drill in the classroom showing students how to reply e.g., if the teacher says to a pupil <u>oi helai</u> the student will say <u>lau helai</u>. Here are some pairs to learn:

toreisi//helai	get up//sit
lao//mai	go//come
kamonai/hereva	listen/talk
hekure//mahuta	lie down//sleep
noho//lao, mai	stay//go,come
gini//helai	stand/sit
siri/mai	go away/come

Practise giving commands to one another and saying what you are doing as you do it. The teacher will tell you that <u>vadaeni</u> is used to show that the action mentioned last is finished. It can be used at the end of a story or conversation to say <u>orait</u>, <u>em tasol</u> just as in Tok Pisin.

Now try the exercises on the tape:

<u>Exercise 3</u>: How would you tell someone to do these things: Ready?

1. To sit down!   Oi helai!
2. Do not listen!   Oi kamonai lasi!
3. You come!   Oi mai!
4. Do not go to sleep! Oi mahuta lasi!
5. Do not get up!   Oi toreisi lasi!
6. To move aside   Oi siri

<u>Exercise 4</u>: What is the instructor saying here? Give your answers in English. Ready?

1. Oi kamonai!   You listen!
2. Oi helai lasi!   Don't you sit!
3. Oi hereva!   You speak!
4. Oi noho lasi!   Don't you stay!
5. Oi gini!   You stand!
6. Oi siri   You go away!

Notice that the structure of these commands is similar on paper to that of yes/no questions e.g. compare <u>oi helai</u>! 'you sit! with <u>oi namo</u>? 'are you good?'. There is an important difference however (several in fact but for now, one) and that is, for the question the voice rises up at the end and for the command it drops. The teacher will illustrate.

Now practise yes/no questions using these words - don't forget <u>io</u> and <u>lasi</u> also. e.g.,

Oi helai?   Are you sitting?
Io, lau helai.   Yes, I am
Lasi, lau helai lasi. No I'm not sitting.

Exercise 5: Say if these sentences are questions or commands.

    1. Oi helai!   Command
    2. Oi noho!'   Command
    3. Oi kamonai?   Q
    4. Oi moale?   Q
    5. Oi mahuta?   Q
    6. Oi lao!   Command
    7. Oi hekure?   Q
    8. Oi siri!   Command

Exercise 6: Answer the following questions using io or lasi. The instructor will tell you which to use. We will call these cues. Ready?

1. Oi helai?   Yes you are
    Io, lau helai.

2. Oi lao?   No you're not, you're lying down
    Lasi, lau lao lasi, lau hekure

3. Oi kamonai?   Yes you are.
    Io, lau kamonai.

4. Oi mahuta?   No you're not you're talking.
    Lasi, lau mahuta lasi, lau hereva.

5. Oi hereva?   Yes you are
    Io, lau hereva.

6. Oi hekura?   No you're not, you're standing
    Lasi lau hekure lasi, lau gini.

Exercise 7: Now do these things in Hiri Motu

1. tell your friend Kila not to lie down.
    Kila, oi hekure lasi!
2. ask your friend Joseph is he sick.
    Joseph, oi gorere?
3. tell your friend Mani you are getting up now.
    Mani, lau toreisi inai
4. ask your friend Pita is he happy.
    Peter, oi moale?

5. tell your fried Kila not to talk but to go to sleep.
   Kila oi hereva lasi, oi mahuta!
6. tell your friend Pita not to go away but to stay.
   Pita, oi lao lasi, oi noho!

Vadaeni, that's all for today. Bamahuta.

(Music)

Conclusion

Now here is a conversation based on what you have learned so far, except that I have added in a new question and a new phrase. The new question is momokani? Which is 'Is that true?' or "Is that so?" The answer to this question is usually io, momokani 'Yes, that's true' or 'Yes, that's so'.

The new phrase is gorere bada herea. This means 'very sick' or 'really sick'. Madi which comes after it means 'Oh sorry'.

All right here is the conversation. Ready:

A: Turagu, oi namo?
B: Lasi, lau namo lasi. Lau gorere.
A: Momokani?
B: Io, momokani. Lau gorere bada herea.
A: Madi, oi gini lasi! Oi mahuta!
B: Io. Lau mahuta. Bamahuta.
A: Bamahuta.

Classroom Exercises
1. Draw comic-strip version of the conversation using speech ballons.
2. Video-tape a conversation similar to those in this lesson. Students make it up and act it out.
3. Vocabulary Games:

UNIT 2

Conversation

Lesson Points

'Where Questions and Locations

Unit 2

Conversation

A:	Turagu, oi namo?	Friend, How are you?
B:	Io, lau namo	I'm okay.
A:	Edeseni oi lao?	Where are you going?
B:	Lau lao uma gabu dekenai.	I'm going to the garden.
A:	Vadaeni, namo oi lao.	OK, it's alright, you go.
B:	Io, lau lao. Bamahuta.	Yes, I'm going. Cheerio.
A:	Bamahuta.	

Lesson Points

2.1 'Where Questions and Locations

In this lesson you are going to learn how to ask 'where' questions and how to answer them. We will start with the answers.

Let us begin with places inside the classroom. Practice these with the frame:

Lau lao <u>uma gabu</u> dekenai.

blakbod	'blackboard'
sea	'chair'
windoa	'window'
pata/teibol	'table'
iduara	'door'
Joseph	'Joseph'
floa	'floor'
geda	'mat'
oi	'you'

Now get with a friend and tell one another where to go and what to do, e.g., <u>John, oi lao iduara dekenai. Vadaeni oi helai sea dekenai. Oi toreisi. Oi mai lau dekenai. Vadaeni oi helai. Namo, vadaeni.</u>

Also the teacher will show you how to ask yes/no questions e.g., <u>oi lao sea dekenai?</u> WITH VOICE RISING. You should use these as part of your practice also.

Now add these from outside the classroom:

ruma	'house'
hanua	'village'
taoni	'town'
dubu	'church'
Mosbi	"Port Moresby'
dala	'road'
kone	'beach'
davara	'sea'

Revise commands (positive and negative) Section 1.3, and yes/no questions (Section 1.2).

Now try the following exercises recorded on tape:

<u>Exercise 1</u>: How would you say the following sentences in Hiri Motu? Ready?

1. You sit on the chair!
   Oi helai sea dekenai.

2. I am going to the road.
   Lau lao dala dekenai.

3. Friend, you lie down on the table!
   Turagu, oi hekure pata dekenai.

4. I am coming from town.
   Lau mai taoni dekenai.

5. You go to the garden and stay there.
   Oi lao uma gabu dekenai. Vadaeni oi noho!

6. Where are you staying?
   Edeseni oi noho?

7. You sleep on the mat.
   Oi mahuta geda dekenai.

<u>Exercise 2</u>: Say what the instructor is saying in English. Ready?

1. Oi mai lau dekenai.
   Come to me!

Unit 2. cont.

2. Oi hekure geda dekenai!
   You lie (down) on the mat.

3. Turagu, oi helai floa dekenai!
   Friend, sit on the floor!

4. Turagu, oi helai diho floa dekenai!
   Friend, sit down on the floor!

5. Kekeni, oi gini dala dekenai!
   Girl, stand on the road!

6. Oi kamonai?
   Do you hear? or Are you listening? or Do you understand?

7. Edeseni oi mahuta?
   Where did you sleep? or Where are you sleeping?

Exercise 3: How would you say these sentences in Hiri Motu? Ready?

1. Tell a girl not to go to the garden!
   Kekeni, oi lao uma gabu dekenai lasi.

2. Tell your friend to listen, not to talk.
   Turagu, oi kamonai. Oi hereva lasi!

3. Tell the woman not to stay in the garden but to go to the village.
   Hahine, oi noho uma gabu dekenai lasi, oi lao hanua dekenai.

4. Say you are sleeping in the garden.
   Lau mahuta uma gabu dekenai.

5. Say you stayed at home; you did not go to the church.
   Lau noho ruma dekenai; lau lao dubu dekenai lasi.

6. Ask your friend if he is sick.
   Turagu, oi gorere?

2.2 More Yes/No Questions

In section 1.2 you learned how to ask yes/no questions by raising your voice at the end. Now there are two other ways to ask questions to get a 'yes' and/or a 'no' answer. These are:
(1) by adding o lasi on the end of the sentence, e.g.,
   oi namo o lasi? 'Are you all right or not?'

oi helai sea dekenai o lasi? 'Did you sit on the chair or not?'

When you use this one your voice drops. (Teacher illustrate!).
These are very easy for Papua New Guineans to use because you
all do the same thing in your own languages. You can even cut
this one short and leave off the lasi and make o longer e.g.,

        oi namo o::?   'Are you all right or...?

(2)   by adding a to the end of the sentence, e.g.,
        oi namo a?   'You are all right aren't you?'
        oi lao dubu dekenai a?   'You went to church didn't you?'

Notice that when you use this one your voice goes down again just
like for o lasi. (Teacher illustrate!).

    Now do the exercises.

Exercise 4: How would you say these things in Hiri Motu? Ready?
1. Ask your friend Pita if he is happy or not.
    Pita, oi moale o lasi?

2. Ask your friend Kila isn't it true that he went to the garden.
    Kila, oi lao uma gabu dekenai a?

3. Ask your friend Gemo is she sad or not?
    Gemo, oi lalohisihisi o lasi?

4. Ask your friend Kene isn't it true that she slept in the house?
    Kene, oi mahuta ruma dekenai a?

5. Ask your friend George is he angry.
    George, oi badu? or George, oi badu o lasi?

Exercise 5: Change these instructions to yes/no questions. Ready?
1. Oi lao hanua dekenai!
    Oi lao hanua dekenai a? or, Oi lao hanua dekenai o lasi?

2. Oi noho!
   Oi noho a? or Oi noho o lasi?

3. Turagu, oi helai diho pata dekenai!
   Turagu, oi helai diho pata dekenai? or Turagu, oi helai diho pata dekenai o lasi?

4. Dumo, oi lao dubu dekenai!
   Dumo, oi lao dubu dekenai? or Dumo, oi lao dubu dekenai o lasi?

5. Oi kamonai!
   Oi kamonai a? or Oi kamonai o lasi?

Exercise 6: Answer these questions with the cues provided. Ready?

1. Oi lao taoni dekenai o lasi?   (lasi)
   Lasi, lau lao taoni dekenai lasi.

2. Oi noho ruma dekenai o lasi?   (io)
   Io, lau noho ruma dekenai.

3. Oi kamonai lasi a?   (lasi)
   Lasi lau kamonai lasi.

4. Oi helai sea dekenai o lasi?   (io)
   Io, lau helai sea dekenai.

5. Oi hekure floa dekenai o lasi?   (lasi)
   Lasi, lau hekure floa dekenai lasi.

Exercise 7: In this exercise we will see if you can remember all the things we have done so far. Ready?

1. Ask your friend Pita where he is going?
   Pita, edeseni oi lao?

2. Tell me, John, not to sit on the table but to get up.
   John, oi helai pata dekenai lasi! Oi toreisi!

3. Ask me, John, am I angry or not?
   John, oi badu o lasi?

4. Tell me, John, you are not afraid.
   John, lau gari lasi.

5. Tell your relative Kumu not to go to the garden but to stay in the village.

   Kumu, oi lao uma gabu dekenai lasi. Oi noho hanua dekenai!

Vadaeni, namo, That's all. Bamahuta!

Story "Oi" and "lau"

- A: Ei turagu oi namo?
- B: Io lau namo.
- A: Edeseni oi lao?
- B: O!. lau lao taoni dekenai
- A: Lau mai ia namo o lasi?
- B: Lasi oi mai lasi, oi noho
- A: Vadaeni lau noho. Oi lao.
- B: Namo bada herea vadaeni oi noho lau lao. Bamahuta.
- A: Bamahuta.

UNIT 3

Conversation

Lesson Points

- Time Words
- Transitive Verb Sentences
- Sentences with Noun Subjects
- Questions with Noun Subjects
- Answering Questions with Noun Subjects

UNIT 3

Conversation

Varani lau noho dala dekenai.	Yesterday I was on the road.
Turana lau itaia.	I saw a friend.
Vadaeni lau hereva, "Turagu, edeseni oi lao?"	So I said, "friend, where are you going?"
Turana ia hereva, "Lau lao dubu dekenai."	The friend said, "I am going to the Church."
Vadaeni lau henandaia, Edeseni?"	So I asked, "Where?"
Ma ia hereva, "Koki dekenai."	And he replied, "At Koki."
Vadaeni lau hereva lou, "Namo, oi lao, lau noho, bamahuta.	So I said again, "Fine, you go, I'm staying . Cheerio bye".
Vadaeni turana ia lao dubu dekenai.	So the friend went to the Church.

Lesson Points

3.1 Time Words

These are words like <u>varani</u> 'yesterday' that occur in the conversation. There are lots of these in Hiri Motu but we will not try to learn them all at once. Here some of the most common ones:

hari dina	today
harihari	just now just awhile ago
hari dabai	this morning
hari adorahi	this afternoon
hari hanuaboi	this evening, tonight.
varani dabai	yesterday morning
kerukeru	tomorrow
kerukeru vanegai	day after tomorrow
vanegai	the day before yesterday
dabai	in the morning, during the morning
adorahi	afternoon, during the afternoon
dinai	at day time, during the day

Now try these exercises on the tape.

Exercise 1: Here is a frame:

>Varani lau raka dala dekenai.

Now you repeat that frame changing varani to the ones given to you by the instructor. She will say them in Hiri Motu. Here is the frame again.

>Varani lau raka dala dekenai.

1. hari dabai   (this morning)
   Answer: Hari dabai lau raka dala dekenai.
   What does that mean in English?
   Answer: I was walking the road this morning.

2. vanegai.   (day before yesterday)
   Answer: vanegai lau raka dala dekenai.
   What does that mean?
   Answer: The day before yesterday I was walking on the road.

3. varani adorahi   (yesterday afternoon)
   Answer: Varani adorahi lau raka dala dekenai.
   What does that mean?
   Answer: Yesterday afternoon I was walking road.

4. hari hanuaboi   (this evening)
   Answer: Hari hanuaboi lau raka dala dekenai.
   What does mean?
   Answer: This evening/tonight I was walking on the road.

5. harihari   (just awhile ago)
   Answer: Harihari lau raka dala dekenai.
   What does that mean?
   Answer: Just awhile ago I was walking on the road.

Exercise 2: Say these things in Hiri Motu. Ready?

1. Did you come this morning or not?
   Hari dabai oi mai o lasi?
2. I sat on the floor yesterday.
   Varani lau helai floa dekenai.
3. Are you sick now?
   Harihari oi gorere?
4. You go to the garden tomorrow.
   Kerukeru oi lao uma gabu dekenai.
5. You came last night didn't you?
   Varani hanuaboi oi mai a?
6. Did you come the other morning?
   Vanegai dabai oi mai o lasi?

Exercise 3: Say these time words for me in Hiri Motu. Ready?

Today	hari dina
Tomorrow	kerukeru
Yesterday	varani
Day before yesterday	vanegai
Day after tomorrow	kerukeru vanegai
This morning	hari dabai
This afternoon	hari adorahi
Tonight	hari hanuaboi
Tomorrow night	kerukeru hanuaboi
Midday	dina tubu.
Early in the morning	dabai momokani or dabai maragi
Midnight	hanuaboi ihuana

3.2 Beginnning Transitive Verb Sentences

In the conversation we had the sentence <u>turana lau itaia</u> 'I saw a friend'. You will notice that the thing you saw (i.e., friend) comes first. We can't say <u>lau itaia turana</u>, so be careful.. It is different from English but not different from most Papua New Guinea languages so it should not be difficult for you. Let us add some other things to see:

tau	man
hahine	woman
kekeni	girl
mero	boy
boroma	pig
sisia	dog
gaigai	snake
buatau	etelnut

Learn these. Practise them in the frames: turana lau itaia
turana oi itaia o lasi?
mero, oi toreisi, oi lao
dubu dekenai!

All right now let's add some other things to do:

karaia	to make, to do, to build, to fix
abia	to get, to take
gwadaia	to spear or poke
diba	to know/arrow
atoa	to put

Learn these. Practise them in frames like

buka oi abia
boroma lau gwadaia
ruma oi karaia?
dala oi diba?   'Do you know the road?

Here are two special questions which are very useful:
    Motu gado oi diba?   'Do you know Motu language?'
(and you can change Motu into Inglis, Pisin, Diapan, America etc)
    Dahaka oi karaia?   'What are you doing?'
                                 'What are making?'
                                 'What are you building?'
                                 'What are you fixing?'

Don't forget you can add some time words to these sentences if you like, e.g. you can say things like <u>varani turana lau itaia</u> 'I saw a friend yesterday' or <u>hari dabai gaigai lau itaia</u> 'I saw a snake this morning'. You can also add <u>lasi</u> or other words we have studied just as before too, e.g., <u>gaigai lau itaia lasi</u> or <u>gaigai oi itaia a?</u> and so on.

<u>Vadaeni</u>, now you try yourself out on the following exercise:

Exercise 4: How would you say you saw these things yesterday. Ready?

1. a pig
    Varani boroma lau itaia.
2. a woman.
    Varani hahine lau itaia.
3. a snake.
    Varani gaigai lau itaia.
4. a girl
    Varani kekeni lau itaia.
5. a friend.
    Varani turana lau itaia.
6. a boy
    Varani mero lau itaia.

Exercise 5: Do what the instructor tells you to. Ready?

1. Tell your friend Kila to look at the book tomorrow.
    Kila, kerukeru buka oi itaia!
2. Say you speared the pig yesterday afternoon.
    Varani adorahi boroma alu gwadaia.
3. Ask your relative Toma if he built the house or not?
    Toma, ruma oi karaia o lasi?
4. Tell your friend Paul not to get the book.
    Paul, buka oi abia lasi!
5. Say you recongnize or know the man.
    Inai tauna lau diba.

6. Ask your brother Raka what he is doing?
   Raka, dahaka oi karaia?
7. Now ask Raka is he building a house or what?
   Raka, ruma oi karaia o dahaka?

Exercise 6: What is the instructor saying? Tell me in English.
Ready?

1. Varani dabai boroma lau gwadaia dala dekenai.
   I speared a pig on the road yesterday morning.
2. Buatau oi abia o lasi?
   Did you get the betelnut or not?
3. Edeseni oi karaia?
   Where did you do it? or Where did you make it?
4. Kerukeru turana lau itaia.
   I'll see a friend tomorrow.
5. Indonesia gado lau diba lasi.
   I don't know the Indonesian language.
6. Dahaka oi karaia?
   What are you doing? What did you do?

3.3 Sentences with Noun Subjects

In the conversation we had the sentence turana ia lao dubu dekenai which meant 'the friend went to the church.' Notice here that the ia refers to turana 'friend' and means 'he' so the sentence is really 'the friend he went to (the) church.' In Hiri Motu you must always use that ia even if you are tal-ing about a girl, a dog, or a pig or anything, e.g.

kekeni ia mai	a/the girl is coming
sisia ia hekur	a/the dog is lying down
boroma ia noho	a pig is there
aniani ia ore	the food is finished.

This ia means 'he, she, or it'. You can't make a sentence of this kind without it. Now many of your languages do this too so you will probably not find it difficult but expatriates do because in English if I say 'a girl she is coming' then I am not speaking good English. If in Hiri Motu you say kekeni mai you are not speaking good Hiri Motu.

Vadaeni, listen to the tape and practise the exercises.

Exercise 7: Here is a frame. You substitute the new words into it for turana. Ready?

Frame: **Turana** ia lao dubu dekenai.

kekeni	(girl)
boroma	(pig)
tau	(man)
mero	(boy)
turana	(friend)

Exercise 8: Progressive substitution. In exercises of this kind each new sentence you make becomes the frame for the next substitution. That is, suppose the instructor begins with the frame sisia ia mahuta pata dekenai. This answer now becomes the frame and when the instructor gives the next cue you substitute that into this new sentence. For example, suppose the instructor's next cue was hanine your answer should be hanine ia mahuta pata dekenai. Okay let us try it. Ready?

Frame: sisia ia hekure pata dekenai.
           " "   " mahuta "   "
           hahine " "   "   "
           " "   " lao   "   "
           gaigai " "   "   "
           " "   " hekure "   "
           sisia " "   "   "

Exercise 9: Answer these questions using the cues provided by the instructor. Ready?

1. Mero ia noho hanua dekenai o lasi?   (io)
   Io, mero ia noho hanua dekenai.
2. Gaigai ia toreisi o::?   (lasi)
   Lasi, gaigai ia toreisi lasi.
3. Hahine ia lao Yunivesiti dekenai o lasi?   (io)
   Io, hahine ia lao Yunivesiti dekenai.
4. Tau ia noho?   (lasi)
   Lasi, tau ia noho lasi.
5. Harihari mero ia mai o lasi   (io)
   Io, harihari mero ia mai.

Now sometimes when we know who or what we are talking about we
do not mention that person or thing. We did this in the con-
versation when we said <u>vadaeni hereva lou</u>, 'So he said again'.
We could also say things like ia moale 'he/she it is happy' etc.

All right you try exercise 10.

Exercise 10: Say what these sentences, mean in English. Ready?

1. Tau ia lao uma gabu dekenai. Ia mahuta.
    The man went to the garden. He slept.
2. Gaigai lau itaia. Ia noho dala dekenai.
    I saw the snake. It was on the road.
3. Ruma lau karaia. Ia noho hanua dekenai.
    I built a house. It is in the village.
4. Boroma ia hekure, Ia mahuta lasi.
    The pig is lying down. It is not sleeping.
5. Tini oi abia! Ia noho pata dekenai.
    Get the tin. It's on the table.

Exercise 11: Now answer these questions using the English cues
given to you by the instructor. Listen carefully
to the questions because there are different kinds.
Ready?

1. Edeseni oi gini?   (at the door)
    Lau gini iduara dekenai.
2. Motu gado ia diba?   (no)
    Lasi, Motu gado ia diba lasi.
3. Varani turana ia mai
    o lasi?   (no)
    Lasi, varani turana ia mai lasi.
4. Dahaka ia karaia?   (making a chair)
    Sea ia karaia.
5. Edeseni ia lao?   (to the village)
    Ia lao hanua kekenai.
6. Ia gorere?   (no he's all right)
    Lasi, ia gorere lasi. Ia namo.

3.4 Questions with Noun Subjects

Now you know how to make up sentences like <u>turana ia lao dubu dekenai</u> you should know how to ask questions like "Where did the friend go?' or 'What is the friend doing?' Let us take the first one first. Here is what you say: <u>Turana edeseni ia lao</u>? 'Where did the friend go?' If you look at that you will see that you put the person or thing you want to talk about first (e.g., <u>turana</u>) and then put <u>be</u> after it then the question. The <u>be</u> doesn't really mean anything by itself but its work is to say that the word that comes before it is what we are talking about. Here is the other question:

<u>tau be dahaka ia karaia</u>?   'What is the man doing?'

Note that you can do the same with <u>oi</u>, e.g.,

<u>oi be edeseni oi noho</u>?   'Where are you (staying)?'

Try exercise 12.

Exercise 12: Ask where the following things are: Use the fram <u>Turana be edeseni ia noho</u>?   Ready?

1. <u>iduara</u>   (door)
     Iduara be edeseni ia noho?
2. <u>boroma</u>   (pig)
     Boroma be edeseni ia noho?
3. <u>dala</u>   (street)
     Dala be edeseni ia noho?
4. <u>hanua</u>   (village)
     Hanua be edeseni ia noho?
5. <u>kekeni</u>   (girl)
     Kekeni be edeseni ia noho?
6. <u>buatau</u>   (betlenut)
     Buatau be edeseni ia noho.

Exercise 13:   Now you make up some questions. Here are the
                English versions. Ready?
1. Where is the woman coming from?
     Hanine be edeseni ia mai?
2. Friend, where is the house?
     Turagu, ruma be edeseni ia noho?

3. Where does the road go? or Where does the road lead to?
   Dala be edeseni ia lao?
4. What is the dog doing?
   Sisia be dahaka ia karaia?
5. What is the man building in the garden?
   Tau be dahaka ia karaia uma gabu dekenai.

Now sometimes we can shorten those questions with <u>edeseni</u> in them not all of them but some especially very common ones and those which have <u>ia noho</u> in them. Look at these and learn:

<u>Oi be edeseni oi noho?</u> 'Where are you (staying/hiding?
   <u>Oi (be) edeseni?</u>
<u>Dala be edeseni ia noho?</u>'Where's the road? <u>Dala (be) edeseni?</u>
<u>Dala be edeseni ia noho?</u> 'Where's the road?' <u>Dala (be) edeseni?</u>
<u>Boroma be edeseni ia noho?</u> 'Where's the pig?' <u>Boroma (be) edeseni?</u>

Try doing this in exercise 14.

<u>Exercise 14</u>: Shorten these questions. Give two answers. Ready?

1. Oi be edeseni oi noho?
   Oi be edeseni? o Oi edeseni?
2. Dala be edeseni ia noho?
   Dala be edeseni? o Dala edeseni?
3. Boroma be edeseni ia noho?
   Boroma be edeseni? o Boroma edeseni?
4. Turagu, ruma be edeseni ia noho?
   Turagu ruma be edeseni? o Turagu, ruma edeseni?
5. Turana be edeseni ia noho?
   Turana be edeseni? o Turana edeseni?

Exercise 15: Answer the following questions using the cues provided by the instructor. Ready?

1. Ruma be edeseni ia noho?   (in the village)
   Ruma ia noho hanua dekenai.
2. Yunivesiti edeseni?   (at Waigani)
   Yunivesiti ia noho Waigani dekenai.
3. Kekeni be dahaka ia karaia? (sitting on the table)
   Kekeni be ia helai pata dekenai.

4. Hanua be edeseni?   (on the road)
         Hanua be ia noho dala dekenai.
5. Gaigai edeseni?   (in the house)
         Gaigai ia noho ruma dekenai.

3.5 Answering Questions with Noun Subjects

Now that you have learned how to ask questions like <u>boroma be edeseni ia lao?</u> and <u>kekeni be dahaka ia karaia?</u> you need to know how to answer them. There are two ways we can answer them. One way you already know, e.g. we can say <u>boroma ia lao taoni dekenai</u> or, for the second one, <u>ruma ia karaia</u>. However, you will see that in the last example you do not use the word kekeni even though the question asked about her. Suppose you do want to say that the girl is building the house what do you do? Well the answer is you use <u>be</u> just as you did in the question. So if the question is <u>kekeni be dahaka ia karaia?</u> then the answer will be <u>kekeni be ruma ia karaia</u>. The same is true for the first question <u>boroma be edeseni ia lao?</u> If the pig is going to the garden then the answer will be <u>boroma be ia lao uma gabu dekenai</u>. Notice, however, that we can also say <u>boroma be uma gabu dekenai ia lao</u> as well if we like, that is, we put the dekenai part after the be and not at the end of the sentence. It does not make much difference which way we make sentence.

Now just in case you can't remember all that too well here are the questions and answers put together so you can see them better.

Q: Boroma be edeseni ia lao?   A: Boroma be ia lao uma gabu dekenai.
                                or A: Boroma be uma gabu dekenai ia lao.
Q: Kekeni be dahaka ia karaia? A: Kekeni be ruma ia karaia.

All right here are some exercises for you to practise these things.
                         Ready?

Exercise 1:

Say these sentences after me and say what they mean in English. Don't forget - repeat them after me and then say what they mean. Ready?

1. Boroma be ia lao uma gabu dekenai.
         The pig went to the garden.

2. Tau be ruma ia karaia uda dekenai.
   The man made the house in the bush.
3. Lau be hanua dekenai lau noho.
   I am staying in the village.
4. Kekeni be ia mahuta Waigani dekenai.
   The girl is sleeping at Waigani.
5. Gaigai be ia mahuta pata dekenai.
   The snake is sleeping on the table.

Exercise 1:
Say these sentences after me and say what they mean in English. Don't forget - repeat them after me and then say what they mean. Ready?

1. Boroma be ia lao uma gabu dekenai.
   The pig went to the garden.
2. Tau be ruma ia karaia uda dekenai.
   The man made the house in the bush.
3. Lau be hanua dekenai lau noho.
   I am staying in the village.
4. Kekeni be ia mahuta Waigani dekenai.
   The girl is sleeping at Waigani.
5. Gaigai be ia mahuta pata dekenai.
   The snake is sleeping on the table.

Exercise 2: Change these sentences around so that the dekenai part comes after be. Ready?

1. Hahine be ia hekure dala dekenai.
   Hahine be dala dekenai ia hekure.
2. Turana be ia helai floa dekenai.
   Turana be floa dekenai ia helai.
3. Sisia be ia noho Waigani dekenai.
   Sisia be Waigani dekenai ia noho.
4. Kekeni be ia mahuta taoni dekenai.
   Kekeni be taoni dekenai ia mahuta.
5. Mero be be ia lao dubu dekenai.
   Mero be dubu dekenai ia lao.

Unit 3-cont.

Exercise 3: Answer these questions in whichever way you like. The cues are given in Hiri Motu for you. Ready?

1. Tau be edeseni ia helai? (sea dekenai)
   Tau be sea kekenai ia helai.
   Tau be ia helai sea dekenai.
2. Sisia be edeseni ia lao? (taoni dekenai)
   Sisia be taoni dekenai ia lao.
   Sisia ia lao taoni dekenai.
3. Boroma be edeseni ia mase? (uma gabu dekenai)
   Boroma be ia mase uma gabu dekenai.
   Boroma be uma gabu dekenai ia mase.
4. Ia be edeseni ia lao? (dala dekenai)
   Ia be dala dekenai ia lao.
   Ia be ia lao dala dekenai.
5. Tau be edeseni ia mahuta? (ruma dekenai)
   Tau be ruma dekenai ia mahuta.
   Tau be ia mahuta ruma dekenai.

Exercise 4: Here is an exercise to see if you can answer edeseni and dahaka questions properly. Give full ansers. Cues are given in English. Ready?

1. Boroma be edeseni ia noho? (on the road)
   Boroma be dala dekenai ia noho.
   Boroma be ia noho dala dekenai.
2. Oi be dahaka dekenai boroma oi gwadaia? (with a piece of wood)
   Lau be au dekenai boroma lau gwadaia.
   Boroma lau gwadaia au dekenai.
3. Dahaka oi abia? (a spear)
   Io lau abia.
4. Oi be dahaka oi atoa pata dekenai (a book)
   Lau be buka lau atoa pata dekenai.
   Buka lau atoa pata dekenai.
5. Dahaka oi hereva? (nothing)
   Lasi, lau hereva lasi

(Musik)

UNIT 4

Story

Lesson Points

Idia "They"

Unit 4

Story

Listen to the follwoing story about a man, and his wife and dog going hunting in the bush or <u>uda</u>. They found a cassowary or <u>kokokoko</u> and caught it, Then they went back to the village.

In the story you will hear the word <u>idia</u> a lot. This means 'they' and refers to the man, the woman and the dog.

All right here is the story. It is called <u>labana</u> which means 'hunting' Ready?

Dina <u>ta</u> tau <u>ta</u> ia lao uda dekenai. Ia lao labana. Vadaeni, sisia bona hahine idia lao <u>danu</u>. Idia lao labana, uda dekenai. <u>kokokoko</u> ta idia <u>davaria</u> vadaeni, idia alaia. Idia gwadaia io dekenai. Boroma idia davaria lasi. Vadaeni idia <u>giroa mai</u> hanua dekenai. Idia moale, vadaeni. Tanikiu.

Good. Now here is the story again told slowly so you can repeat it after the instructor. Each sentence will be read twice, and the new words explained. Ready?

<u>New Words</u>

labana	to hunt, hunting
ta	one
uda	bush, jungle
idia	they
danu	also, too
kokokoko	cassowary
davaria	to find, discover, meet
ma	and
io	spear
giroa mai	return
alaia	to kill, killed

Right. Now here is the story played at normal speed again. See if you can understand it better this time. If you can then, retell it pretending that you were the one that went hunting (by yourself). Ready? Here is the story.

Lesson Points

4.1 Idia 'They'

Now let's practise using <u>idia</u> 'they' a bit more. This is used instead of <u>ia</u> 'he, she, it' if there is more than one person or thing doing something. This is important because in Hiri Motu words don't usually change like they do in English to show that there is more than one of them. For example, the word <u>kekeni</u> in Hiri Motu means 'girl' or girls'. You can't tell until you see the rest of the sentence. For example, in <u>kekeni ia mai</u> the <u>ia</u> tells us that there is only one girl coming. If we wanted to show that more than one girl was coming we would have to say <u>kekeni idia mai</u>.

All right try these exercises.

<u>Exercise 1</u>: Repeat these sentences after the instructor. Ready?

1. Kekeni idia mai hanua dekenai.
   What does that mean?
   A: The girls came to the village.
2. Sisia idia gari.
   What does that mean?
   A: The dogs are frightened.
3. Dala idia dika.
   What does that mean.
   A: The roads are bad.
4. Boroma idia hekure uda dekenai.
   What does that mean?
   A: The pigs are lying down in the bush.
5. Hahine idia gorere.
   What does that mean.
   A: The women are sick.

<u>Exercise 2</u>: Repeat these sentences after the instructor. Listen carefully to see if it is <u>idia</u> or <u>ia</u>. Ready?
1. Hahine bona tau idia lao labana.
   What does that mean?
   A: The woman and the man went hunting.
   The women and the men went hunting.

2. Io be edeseni idia noho?
   What does that mean?
   A: Where are the spears?
3. Kokokoko be dahaka ia karaia?
   What does that mean?
   A: What is the cassowary doing?
4. Gaigai ta ia noho uda dekenai.
   What does that mean?
   A: A snake is in the bush.
5. Boroma bona sisia idia giroa mai.
   What does that mean?
   A: The pig and the dog came back
      The pigs and the dogs came back.

Exercise 3: Now you do these things in Hiri Motu. Ready?
1. Say that you found a cassowary and a snake in the bush.
   Kokokoko bona gaigai lau davaria uda dekenai.
2. Ask your relative Rita where the dogs went.
   Rita, sisia be edeseni idia lao?
3. Ask your friend what did the women find.
   Turagu, hanine be dahaka idia davaria?
4. Ask me, John, are the girls coming back to the University or not.
   John, kekeni idia giroa mai Yunivesiti dekenai o lasi?
5. Tell me that you are going to town also.
   John, lau danu lau lao taoni dekenai.
6. Say that a snake and a dog are in the garden.
   Gaigai bona sisia idia noho umagabu dekenai.

4.2 Vocabulary Expansion

All right now let us learn some more words for things that we want to talk about.

Exercise 4: Simple substitution.
   Frame: Dina ta _tau_ ta ia lao uda dekenai.

taubada	a European man
sinabada	a European woman
tau buruka	an old man
hahine buruka	an old woman
idaugabu tauna	a foreinger
mero maragi	a young boy
kekeni maragi	a young girl
tau	

Exercise 5: Simple Substitution.

Frame: kokokoko idia davaria ma idia alaia

magani	wallaby
manu	bird
vaura	possum
mariboi	flying fox
kokoroku	a fowl, chicken, chook
kokokoko	cassowary

Exercise 6: Simply Substitution.

Frame: Idia gwadaia **io** dekenai.

kaia	knife
diba bona peva	bow and arrow
au	tree, stick
auri	metal-pointed spear
io	spear

Exercise 7: Simple Substitution.

Frame: Vadaeni idia giroa lao hanua dekenai

giroa lao	go back to
giroa lao	arrive at
hunia	hide (to hide something or someone).
raka lao	walk back to
komu	to hide oneself.
giroa mai	

Now see if you can do these exercises without looking at your book. Ready?

Exercise 8:   Say what these sentences mean. Ready?

1. Taubada ia komu uda dekenai.
    The European man is hiding in the bush.
2. Magani bona vaura lau itaia.
    I saw a/the wallaby and a/the possum
3. Oi lao pata dekenai. Kaia bona auri [17]oi abia!
    Go to the table. Get the knife and the iron-pointed spear.
4. Hahine buruka ia giroa lao Waigani dekenai.
    The old woman returned to Waigani.
5. Mariboi be edeseni ia komu?
    Where is the flying fox hiding?
6. Oi be edeseni oi raka lao?
    Where are you walking to?

Exercise 9:   How would you say these things in Hiri Motu? Ready?

1. Where is the European woman staying?
    Sinabada be edeseni ia noho?
2. They speared a wallaby. They also speared a possum.
    Magani ta idia gwadaia. Vaura danu ta idia gwadaia.
3. What is the foreigner doing in the village?
    Idaugabu tauna be dahaka ia karaia hanua dekenai?
4. The birds returned to the garden and hid.
    Manu idia giroa lao uma gabu dekenai bona idia hunia.
    ("   " ; " - mai "   "   "   "   "   "   " .
5. Did they find the stone?
    Nadi idia davaria?

Exercise 10:   Now go back and tell the hunting story again using some of the new vocabulary you have learned in this unit. You can write it out on paper first if you like. The teacher will correct it for you.

Vadaeni, that's all for today. Bamahuta.

UNIT 5

Story

Lesson Ponts

. Daika "who, whom"

. "Ma" and "Bona"

Unit 5

Story

Listen to this story and see how much of it you can understand. Ready?

Dina ta tau ta ia lao uda dekenai. Nao tauna ta ia itaia. Ia hereva, "E, <u>inai tauna</u> be <u>daika</u>? Edeseni ia mai? Lau diba lasi". Vadaeni ia lao <u>kahirakahira ma</u> ia <u>gwau</u>, "Ei, oi be deika? Dahaka oi karaia?" <u>Nao tauna</u> ia hereva, ia gwaw, "Lau be medikolo tauna. Au raua tahua. Muramura lau karaia. Vadaeni idia helai ma idia herevahereva. <u>Gabeai</u> idia giroa hanua dekenai. Tenkyu.

There are some new words in this story. Here they are:

inai	this
tauna	person
daika	who?
Kairakaira(kahirakahira)	close, nearby, almost, nearly
ma	and
gwau	said
medikolo tauna	medecal assistant, aid-post orderly
au rauna	leaf, leaves (of trees)
tahua	to look for
muramura	medicine
hereva hereva	to have a conversation, talk
gabeai	lateron, afterwards.

Study these new words and then listen to the story again and see if you can understand it better this time. Here it is again. Ready?

(Story replays)

Vadaeni, now let us practise some of the new things.

5.1 _Daika_ Who whom?

You will see from the question in the story E, inai tauna be daika? 'Heh, who is this person?' that we use _daika_ just like we use _dahaka_ 'what'?

Here are some more examples. Studey them and get ready to practise them in the exercises that follow.

Daika ia mai?	Who is coming?
Daika ia gorere?	Who is sick?
Daika oi itaia?	Whom did you see?
Inai be daika?	Who is this?
Oi be daika?	Who are you?
Lau lao daika dekenai?	Whom shall I go to?

Ready now? All right here are the exercises.

Exercise 1: Simple Substitution
    Frame: Daika ia _mai_?

        gorere   (sick)
        hereva   (spoke)
        giroa   (came back)
        ginidae   (arrived)
        gari   (afraid, frighten(ed))
        hunia   (hide)
        mai

Exercise 2: Simple Substitution
    Frame: Daika oi _itaia_?

        hunia   (hide)
        gwadaia   (spear)
        abia   (get)
        botaia   (hit/punch)
        davaria   (find, meet,)
        itaia

Exercise 3: Repeat these sentences after me and then say what they mean in English. Ready?

1. Oi be daika?   2. Inai tauna be daika?
   Who are you?   Who is this person?

3. Daika idia gwadaia?
    Whom did they spear?
4. Sisia be ia lao daika dekenai?
    To whom did the dog go?
5. Kekeni be daika dekenai ia hereva?
    Whom did the girl speak to?
6. Daika oi davaria dala dekenai?
    Whom did you meet on the road?

Exercise 4: In these sentences I want you to listen carefully to see if it's <u>daika</u> or <u>dahaka</u> I am saying. You give the English meaning. Ready?

1. Dahaka oi itaia?
    What do you see?
2. Sinabada be dahaka ia karaia?
    What's the European woman doing?
3. Idau gabu tauna be daika?
    Who is the foreigner?
4. Daika ia mase?
    Who died? or Who is dead?
5. Dahaka ia hekure?
    What is lying down?

Exercise 5: Give answers to the following questions. I will give you cues in Hiri Motu. Ready?

1. Daika ia gorere?   (tau buruka)
    Tau buruka ia gorere.
2. Dahaka ia gini dala dekenai?   (magani)
    Magani ia gini dala dekenai.
3. Oi be daika?   (Kila)
    Lau be Kila.
4. Tau buruka be dahaka ia abia   (kokoroku)
    Tau buruka be kokoroku ia abia.
5. Taubada be daika ia itaia?   (idau gabu tauna)
    Taubada be idau gabu tauna ia taia.

Exercise 6: How would you ask someone the following things in Hiri Motu? Ready?

1. What is this?
    Inai be dahaka?
2. Who are you?
    Oi be daika?
3. Where is the knife?
    Kaia be edeseni?
4. Who is hiding in the bush?
    Daika ia komu uda dekenai?
5. Whom did they hide in the bush?
    Daika idia hunia uda dekenai?
6. What are you doing?
    Dahaka oi karaia?
7. Where is the European man going?
    Taubada be edeseni ia lao?
8. Who is this person?
    Inai tauna be daika?
9. Who is this woman?
    Inai hahine be daika?
10. This is a possum isn't it?
    Inai be vaura a?

(Musik)

5.2 Vocabulary Expansion

All right now let us learn some more new words. Here are some exercises to help you.

Exercise 7: Simple Substitution
   Frame: <u>Medikolo tauna</u> ia lao uda dekenai.

haroro tauna	(pastor, messionary)
tisa tauna	(teacher)
dokta tauna	(doctor, medical assistant)
solodia tauna	(soldier)
labana tauna	(hunter)
haoda tauna	(fisherman)
henao henao tauna	(thief)
medikolo tauna	

Exercise 8: Simple Substitution
   Frame: <u>Au rauna ia</u> tahua.

au rigina	(branches of tree)
au kopina	(bark of tree)
biku rauna	(banana leaves)
hosipele	(hospital)
vaivai rauna	(mango leaves)
niu rauna	(coconut leaves)
buatau	(betelnut)
au rauna	

Exercise 9: Simple Substitution
   Frame: Daika oi <u>itaia</u>?

botaia	(hit, punch)
alaia	(kill)
utua	(cut)
mailaia	(bring)
dogoatao	(hold)
davaria	(meet, find)
tahua	(search, look for)
itaia	

Exercise 10: All right now say what these sentences mean in English. Ready?

1. Haroro tauna be daika?
     Who is the pastor?
2. Inai muramura be dahaka?
     What's this medicine?
3. Oi lao uda dekenai. Au kopina oi abia!
     Go to the bush. Get the bark of trees.
4. Tisa tauna be dokta tauna ia botaia o daika ia botaia?
     Did the teacher hit/punch the doctor or who?
5. Gaigai idia dogoatao noho.
     They are holding the snake.

Exercise 11: How would you say these things in Hiri Motu? Ready?
1. What did they kill?
     Dahaka idia alaia?
2. What did you cut?
     (Oi be) dahaka oi utua?
3. The aid-post orderly got the medicine.
     Medikolo tauna be muramura ia abia.
4. Tell your friend, Kalo, to go to the hospital and get medicine.
     Kalo, io lao hosipele dekenai ma muramura oi abia.
5. Ask me, John, who is the teacher?
     John, tisa tauna be daika?

(Musik)

5.3 Ma and bona

Ma and bona both mean 'and' in English but they are generally used for different things in Hiri Motu. Thus:

(i) ma is generally used to join actions together e.g., in the story you will see that it said vadaeni ia lao kairakaira ma ia gwau 'so he went closer and said'. Another example would be lau helai ma buka lau abia 'I sat down and got the book'. Notice we can say ma gabeai 'and after that' or 'and then', to indicate one action followed another. For example, I could say <u>lau helai ma gabeai buka lau abia</u> 'I sat down and and then I got the book'.

(ii) <u>bona</u> is generally used to join things together e.g., <u>io bona kaia oi abia</u> 'get the spear and the knife'. However, some Hiri Motu speakers also use <u>bona</u> instead of <u>ma</u>.

<u>Exercise 12</u>: Progressive Substitution.
Frame: <u>Tau</u> bona <u>hanine</u> idia mai
       Mero "   "   "   "
       "   "   kekeni "   "
       Boroma "   "   "   "
       "   " hahine "   "
       Tau   "   "   "   "

<u>Exercise 13</u>: Progressive Substitution
Frame: Kekeni ia <u>hekure</u> ma gabeai ia <u>hereva</u>.
       "   " helai "   "   "   "
       "   "   "   "   "   " mahuta.
       "   " hekure "   "   "   "
       "   "   "   "   "   " hereva.

Note that for many Hiri Motu speakers use <u>kekeni ia hekure ma ia hereva</u> is the same as <u>kekeni ia hekure ma gabeai ia hereva</u>.

<u>Exercise 14</u>: Reapeat the following sentences after me and then say what they mean in English. Ready?
1. Mero ia lao ma gabeai kekeni ia mai.
    The boy went and then the girl came.
2. Tau bona hahine idia lalohisihisi
    The man and the woman are sad.
3. Taubada be hanua dekenai ia ginidae ma gabeai ia mahuta.
    The European man arrived at the village and then slept.
4. Vaura bona kokokoko idia gari.
    The possum and the cassowary were afraid.

5. Oi lao hosipele dekenai ma muramura oi abia!
    Go to the hospital and get medicine.

Exercise 15: How would you say the following things in Hiri Motu? Ready?

1. I am holding a banana leaf and a stone.
    Biku rauna bona nadi lau dogoatao.
2. He sat down and then he hit the dog.
    Ia helai ma gabeai sisia ia botaia.
3. The flying-fox and possum were sad.
    Mariboi bona vaura idia lalohisihisi.
4. The soldier killed the teacher and the doctor.
    Solodia tauna be tisa tauna bona dokta tauna ia alaia.
5. Stand up and then go to the door.
    Oi toreisi ma gabeai oi lao iduara dekenai.

(Musik)

* Some Hiri Motu speakers use <u>ma gabeai</u> while other say <u>gabeai ma</u>. Ma is often used with <u>gabeai</u> and <u>vadaeni</u>. For example, I could say <u>Lau helai ma gabea lau hereva</u> "I sat down and then I talked". I could also say <u>Lau helai gabeai ma lau hereva</u>. "I sat down and then I talked". I could also use <u>vadaeni ma</u> here. For example using the same sentence <u>Lau helai vadaeni ma lau hereva</u>. I sat down and then I talke.

5.4. Conclusion

Vadaeni, now listen to the story again and then see if you can tell it yourself. Here is the story. Ready.

(Replay story)

(Musik)

UNITS 6

Story

Lesson Points
- Possession
- Ura "want/like"

Unit 6

Story

Listen to the following story about going to the store. There are some new words in it but don't worry about those this time. Just see if you can get the general idea of what the story is about. Here is the story:

Varani lau lao stoa dekenai. <u>Lolevota</u> to lau <u>hoia.</u> Vadaeni lau <u>inua</u> ma <u>gabeai</u> mero ta ia mai kahirakahira lau dekenai. Vadaeni lau hereva, lau gwau, "Mero, <u>edena bamona</u>? Dahaka oi <u>ura</u>?" Ia gwau, "Lasi, <u>botolo</u> lau <u>ura</u> abia." Lau hereva lou, "Lasi, oi abia lasi! Inai be <u>lauegu</u> botolo. Moni lau <u>ura</u> abia lou stoa dekenai. Oi lao!" Vadaeni ia heau lao gabu ta dekenai.

All right open your book and study the new words. Here they are:

lolevota	softdrink
hoia	to buy, sell
inua	to drink
edena bamona/edana bamona	What's the matter?
ura	to want, like
botolo	bottle
lauegu	my, mine

Now here is the story again. See if you can understand it better this time. Ready?

Vadaeni lau lao stoa dekenai. Lolevota ta lau hoia, Vadaeni lau inua ma gabeai mero ta ia mai kairakaira lau dekenai. Vadaeni lau hereva, lau gwau, "Mero, edena bamona? Dahaka oi ura?" Ia gwau, "Lasi, botolo lau ura abia." Lau hereva lou, "Lasi, oi abia lasi! Inai be lauegu botolo. Moni lau ura abia lou Stoa dekenai. Oi lao!" Vadaeni ia heau lao gabu ta dekenai.

Vadaeni now let's practise some of the new things in it more.

6.1 Possession

In the story we had this sentence: <u>Inai be lauegu botolo</u> "This is my bottle". In this sentence lauegu stands for 'my'. Here are some others:

lauegu	(lau	+ egu)	my, mine
oiemu	(oi	+ emu)	your, yours
iena	(ia	+ ena)	his, hers, its
idiedia	(idia	+ edia)	their, theirs
daika ena	(daika	+ ena)	whose
aemai	(ai	+ emai)	our, ours
umui emui	(umui	+ emui)	your, yours (plural)

You will see that these are all made from the words <u>lau</u>, <u>io</u>, <u>ia</u>, <u>idia</u>, <u>ai</u>, <u>daika</u> and there are some special pronunciations. That is, <u>ia</u> + <u>ena</u> is pronounced <u>iena</u> and <u>idia</u> + <u>edia</u> is pronounced <u>idiedia</u>.

Notice too that we can use these words by themselves to mean 'mine', yours, his, theirs, whose', e.g.,

Inai be lauegu.	This is mine
Inai botolo be lauegu.	This bottle is mine
Inai be oiemu lasi, ia be lauegu.	This is not yours, it's mine.
Inai boroma be daika ena?	Whose pig is this?
Inai be daika ena boroma?	

Exercise 1: Simple Substitution

Frame: <u>Lauegu</u> moni lau dogoatao.

oiemu	(Yours)
iena	(his, her, its)
idiedia	(their, theirs)
daika ena	(whose)
aimai	(our, ours)
lauegu	(mine)

Exercise 2:   Simple Substitution

Frame: Inai be daika ena <u>boroma</u>?

    ruma
    buka
    stoa
    uma gabu
    buatau
    niu
    boroma

Exercise 3:   Say these sentences after me but change <u>lauegu</u> or <u>oiemu</u>, or <u>iena</u> etc. to the word given as a cue. Ready?

1. Tau ta be <u>lauegu</u> boroma ia gwadaia.   (idiedia)
   " " " idiedia " " "

2. <u>Oiemu</u> ruma be edeseni?   (iena)
   Iena " " "

3. <u>Daika ena</u> sisia ia mase uda dekenai?   (lauegu)
   Lauegu " " " " "

4. Taukurokuro tauna ia mai <u>lauegu</u> stoa dekenai.   (oiemu)
   " " " " oiemu " "

5. Dahaka oi ura karaia <u>iena</u> kaia dekenai?   (lauegu)
   " " " " lauegu " "

6. <u>Daika ena</u> uma gabu ia karaia?   (aiemai)
   Aiemai uma gabu ia karaia.

Exercise 4:   How would you say these things in Hiri Motu? Ready?

1. Whose cassowary died?
   Daika ena kokokoko ia mase?

2. I killed his dog with a stone.
   Iena sisia lau alaia nadi dekenai.

3. I got a stone and hit his chicken.
   Nadi lau abia ma iena kokoroku lau botaia.

4. She drank her medicine last night.
   Varani hanuaboi iena muramura ia inua.
5. Where is your friend?
   Oiemu turana be edeseni?
6. Our mango is in the garden.
   Aiemai vaivai be uma gabu dekenai.

6.2 Ura 'to want, like'

In the story we had several sentences with ura in them. Here is the first one again: Dahaka oi ura? 'What do you want'

You will see from this sentence that ura can be used by itself to mean 'want' just as in English. We can also use it in the same way to mean 'like', wish, desire'. Study these examples:

Raisi lau ura	'I want rice' or 'I like rice'
Raisi lau ura lasi	'I don't want rice' or
Lau ura lasi, raisi	'I don't like rice'.
Oiemu ura be dahaka?	"What is it that you want? or 'What's your wish/desire?'
Lau ura be oi noho.[1]	'I want you to stay'.

Vadaeni let's practise using this a little bit while we learn some more new vocabulary.

Exercise 5: Simple substitution

Frame: Raisi lau ura

bia	(beer)
bakadi	(rum)
ranu	(water)
aniani	(food)

---

1. We will not be practising this one in this course.

gwarume	(fish)
ti	(tea)
buatau	(betelnut)
popo	(mastard)
raisi	

Exercise 6: Answer these questions using the cues I give you in Hiri Motu. Listen carefully to see if it is <u>oi</u>, <u>ia</u>, or <u>idia</u> I am saying. Ready?

1. Dahaka oi ura? (gwarume)
    Gwarume lau ura.
2. Oi ura ranu o bia? (bia)
    Bia lau ura.
3. Dahaka idia ura (aniani)
    Aniani idia ura.
4. Dahaka ia ura? (bakadi)
    Bakadi ia ura.
5. Gwarume danu oi ura? (lasi)
    Lasi, lau ura lasi gwarume danu.
    Lasi, gwarume lau ura lasi.

Exercise 7: How would you say these things in Hiri Motu. Ready?

1. I like rice and fish.
    Raisi bona gwarume lau ura.
2. They want port.
    Boroma idia ura.
3. Do you want water or not?
    Ranu oi ura o lasi?
4. He doesn't like tea.
    Ti ia ura lasi.
5. Bring me the baccadi and water.
    Bakadi bona ranu oi abia mai lau dekenai.

All right now let us go back and look at the other sentences we had with ura in them. Here they are:

    Botolo lau ura abia.   'I want to get the bottle'
    Moni lau ura abia lou   'I want to get back (my)
        stoa dekenai.   money (for it) at the store'.

In these you will see that ura can be used with other action words like abia 'to get' to express the idea of 'want to do something'. Here are some more examples:

    Raisi lau ura hoia.   'I want to buy rice'
    Raisi lau ura lasi hoia.   'I don't want to buy rice'
    Dahaka oi ura karaia?   'What do you want to make/do?
    Ia ura lao labana.   'He wants to go hunting'
    Taubada be sisia ia ura alaia. 'The European man wants to
                                    kill the dog'.

Vadaeni, let us practise using ura like this now.

Exercise 8: Simple substitution

    Frame: Ia ura lao labana.
                     mahuta
                 gini pata dekenai
                 helai sea dekenai
                 hekure dala dekenai
                 ruma
                 uma gabu
                 labana

Exercise:9 Simple substitution

    Frame: Dahaka oi ura abia?
                       hoia
                     inua
                     itaia
                     gwadaia

karaia
hunia
abia

Exercise 10: Say these sentences after me and say what they mean in English. Ready?

1. Stoa idia ura karaia.
    They want to build a store.
2. Kekeni be gaigai ia ura itaia.
    The girl wants to see the snake.
3. Dahaka oi ura inua? Oiemu muramura?
    What do you want to drink? Your medicine?
4. Oiemu gado lau ura kamonai.
    I want to hear/listen to your language.
5. Taubada ia ura lao labana.
    The European man wants to go hunting.

Exercise 11: Answer the following questions using the cues provided. Ready?

1. Dahaka oi ura hoia? (fish)
    Gwarume lau ura hoia.
2. Edeseni oi ura lao? (to the store)
    Lau ura lao stoa dekenai.
3. Bakadi be edeseni oi ura hoia? (at BPs)
    Bakadi be BP dekenai lau ura hoia.
    Bakadi be lau ura hoia BP dekenai.
4. Edeseni idia ura hunia? (in the bush)
    Idia ura hunia uda dekenai.
5. Dahaka ia ura abia? (rice)
    Raisi ia ura abia.

Exercise 12: How would you say the following things in Hiri Motu. Ready?

1. What do you want? Tea or water?
    Dahaka oi ura? Ti o ranu?

2. Where does the flying-fox want to hide?
    Mariboi be edeseni ia ura komu?
3. I want to go hunting.
    Lau ura lao labana.
4. They want to give you this pig.
    Inai boroma idia ura henia oi dekenai.
5. The boy wants to go back to the village.
    Mero ia ura giroa lou hanua dekenai.

(Musik)

6.3 Vocabulary Expansion

All right now let us learn some more new words. Here are some exercises to help you.

Exercise 13: Simple substitution

Frame: Lau lao <u>stoa</u> dekenai.
    banka   (bank)
    hotele   (hotel)
    maketi   (market)
    (hoihoi gabuna)
    kone   (beach)
    stoa

Exercise 14: Simple substitution

Frame: <u>Lolevota</u> lau hoia.
    rabia   (sago)
    kofe   (coffee)
    milika   (milk)
    aniani   (food)
    tohu   (sugarcane)
    ti   (tea)
    lolevota

All right close your book and listen to this new story and then take a piece of paper and see if you can write it out without looking at your book. Then give it to me to check:

    Vanegai Satade, lau lao hoihoi gabuna dekenai. Aniani lau ura hoia -- rabia, tohu, biku. Vadaeni hahine buruka ta lau itaia. Lau hereva, "Hahine burika, Oi dekenai tohu ia noho?" Ia hereva, "Io, ta oi abia. Inai be ten toea". Vadaeni lau hoia ma lau giroa lao ruma dekenai. Biku danu lau abia. Rabia lau hoia lasi. Vadaeni. Tanikiu.

Very good now let us go on and continue learning some more new words.

Exercise 15: Simple substitution

    Frame: Dahaka oi <u>hoia</u>?

negea	(throw away)
henaoa	(steal)
makohia	(break)
hoia	

Exercise 16: Simple substitution

    Frame: Iduara oi <u>kehoa</u> lasi!

koua	(close)
gabua	(burn)
makohia	(break)
kehoa	

Exercise 17: Simple substitution

    Frame: Aniani lau <u>karaia</u>.   (I am preparing food)

nadua	(boil)
gabua	(burn, grill, cook over open fire)
ania	(eat)
karaia	

---

1. This is also said <u>hamakohia</u> by some speakers.

Exercise 18: Say what these sentences mean in English. Ready?

1. Daika ena kofe oi inua?
    Whose coffee are you drinking?
2. Rabia be dahaka?
    What is <u>rabia</u>?
3. Sinabada be aniani ia ura karaia.
    The European lady wants to prepare the food.
4. Dahaka ia negea rei dekenai.
    What did he/she throw away in the grass?
5. Kai lau hamakohia kone dekenai.
    I broke the knife at the beach.

Exercise 19: How would you say these things in Hiri Motu? Ready?

1. Cook the sago by burning.
    Rabia oi gabua!
2. Did you switch off the machine or not?
    Masini oi ha ofua o lasi?
3. I ate my sugarcane this morning.
    Hari dabai lauegu tohu lau ania.
4. They brought beer to the hotel.
    Bia idia abia mai hotele dekenai.
5. Where is your food?
    Oiemu aniani be edeseni?

6.4 Conclusion

Vadaeni now listen to the story again and see if you can tell it yourself. Then make up a new one using some of the new words you learned in this unit. Here is the story.

Varani lau lao stoa dekenai. Lolevota ta lau hoia. Vadaeni lau
inua ma gabeai mero ta ia mai kahirakahira lau dekenai. Vadaeni
lau hereva, lau gwau, "Mero, edena bamona? Dahaka oi ura?" Ia gwau,
"Lasi, botolo lau ura abia." Lau hereva lou, "Lasi, oi abia lasi.
Inai be lauegu botolo. Moni lau ura abia lou stoa dekenai. Oi lao!"
Vadaeni ia heau lao gabu ta dekenai.

(Music)

UNIT 7

Conversation

Lesson points

- Umui, ai, ita : You (pl), We.
- Possession : Our, Yours
- Singular and Plural in Nouns

Unit 7

So far we have been concentrating on how to say things in which 'I, you, he/she/it' and 'they' were involved. In this lesson we will learn how to say things in which 'you (plural)' and 'we' are involved. We have left this till last because in Hiri Motu there are two words for 'we'. One is _ai_ and the other is _ita_. Ai is used when the person or persons you are speaking to is or are not included in what you are doing. _Ita_ is used when the person or persons you are speaking to is or are included. You will see this in the conversation that follows. Here it is.

    Kekeni ia raka dala dekenai. Turadia ia itaidia. Ia hereva, ia gwau:

K: Edeseni _umui_ lao?
T: _Ai_ lao Waigani dekenai.
K: Lau ura mai danu. Ia namo?
T: Io, ia namo Oi mai. _Nega tamona ita_ lao.

    Vadaeni _ibounai_ idia lao Waigani dekenai.

All right I want you to learn this conversation and then we will practise using _umui, ai_ and _ita_. Here is the conversation said slowly so you can learn it. I will say each sentence once except those sentences in which new words occur. Ready?

    Kekeni ia raka dala dekenai.
    Turadia ia itaidia. That means 'She saw some friends'. Again
    Turadia ia itaidia.
    Ia hereva ia gwau.
    Edeseni umui lao? That means 'Where are you (all) going? Again
    Edeseni umui lao?
    Ai lao Waigani dekenai.
    Lau ura mai danu. Ia namo? That means "I want to come too. Is it alright?
    Ia namo. Oi mai. Nega tamona ita lao. 'That's okay. Come.
    Let us (all) go together (or at the one time)' Again.
    Ia namo. Oi mai. Nega tamona ita lao.
    Vadaeni ibounai idia lao Waigani dekenai. Ibounai means 'all'. Again.
    Vadaeni ibounai idia lao Waigani dekenai.

Vadaeni let us practise these new things some more.

7.1 Umui, ai, ita: You(pl), and We

It has already been mentioned that ai is used by a group of people when talking to someone whom they do not include and ita when they do include that person. It is important in Hiri Motu when speaking about one's self to one or more people to indicate whether the person spoken to is included or not. Those of you who know Tok Pisin well will notice that ai is the same as mipela and ita is the same as yumi.

Exercise 1: Answer these questions using the cues I give you in Hiri Motu. All your answers will contain ai meaning 'we but not you'. Ready?

1. Edeseni umui lao?   (uda dekenai)
       Ai lao uda dekenai.
2. Dahaka umui itaia?   (mariboi)
       Mariboi ai itaia.
3. Mariboi umui pidia?   (io)
       Io, mariboi ai pidia.
4. Umui abia mai ruma dekenai?   (lasi)
       Lasi, ai abia mai ruma dekenai lasi.
5. Vadaeni, dahaka umui ura karaia?   (mahuta)
       Ai ura mahuta.

Exercise 2: Now answer these questions using the cues I give you. Listen carefully to see if I ask you by yourself or you and your turadia. If I ask you by yourself I will use oi; if I ask you and your turadia I will use umui. If I use oi your answer will contain lau; if I use umui your answer will contain ai. Ready?

1. Dahaka oi gwadaia?   (magani)
       Magani lau gwadaia.
2. Umui gorere?   (lasi)
       Lasi, ai gorere lasi.
3. Hanuaboi edeseni umui mahuta?   (Boroko)
       Hanuaboi Boroko dekenai ai mahuta.

---

1. pidia - to shoot with gun, spear gun, or bow and arrow.

4. Dahaka dekenai gaigai oi botaia? (au)
    Au dekenai gaigai lau botaia.
    Gaigai lau botaia au dekenai.

5. Dahaka umui dogoatao? (moni)
    Moni ai dogoatao.

6. Dahaka oi hoia stoa dekenai? (bia)
    Bia lau hoia stoa dekenai.

Exercise 3: In this exercise we will ask questions using oi, ai, umui, ita, and idia. Listen carefully and see if you can answer correctly. I will give you cues in Hiri Motu. Ready?

1. Manu be edeseni ia moru? (kurukuru dekenai)
    Manu be kurukuru dekenai ia moru.
    Manu ia moru kurukuru dekenai.

2. Edeseni ita helai? (floa)
    Ita helai floa dekenai.

3. Buka umui henaoa o lasi? (lasi)
    Lasi, buka ai henaoa lasi.

4. Kokokoko be edeseni idia hunia? (uda dekenai)
    Kokokoko be uda dekenai idia hunia.

5. Kerukeru ruma umui karaia o lasi? (io)
    Io, kerukeru ruma ai karaia.

Exercise 4: How would you say these things in Hiri Motu? Ready?

1. We did not steal your knife.
    Oiemu kaia ai henaoa lasi.

2. We found a different bird in the grass didn't we?
    Manu idauna ta ita davaria rei dekenai a?

3. If you and your friends are standing there and I came up to you how will I ask you all, did you break my taperecorder.
   Lauegu teiprikoda umui makohia[25] (o lasi)?

4. Ask me what I threw away in the grass.
   John, dahaka oi negea kurukuru dekenai?

5. Say let us boil the sago.
   Rabia ita nadua.

(Musik)

7.2 <u>Possession: Ours, Yours</u>

In section 6.1. we learned how to say 'my, your' etc. Now let us complete the set by seeing how to say 'our' and 'your (pl)'. Here are the new words:

umuiemui	(umui + emui)	'your (pl)'
aiemai	(ai + emai)	'our (but not yours)'
iteda	(ita + eda)	'our (and yours)'

Notice that <u>ita + eda</u> is pronounced <u>iteda</u>, and <u>umuiemui</u> is often pronounced <u>omuiemui</u>. Here are some examples:

Taubada inai be aiemai tano; inai be oiemu tano lasi.   'Expatriate, this is our land not yours'

Varani iteda boroma ia mase a?   'Our pig died yesterday didn't it?

umuiemui hanua be edeseni?   'Where is your (pl) village?'

<u>Exercise 5</u>: Simple substitution

Frame: Inai be <u>lauegu</u> tano
                 aiemai
                 omuiemui
                 iteda
                 iena
                 oiemu
                 lauegu

Exercise 6:   Simple Substitution

Frame: Kila be lauegu ruma ia karaia.
                iena
                iteda
                omuiemui
                idiaedia
                lauegu

Exercise 7:   Say what these sentences mean in English.   Ready?

1.   Umuiemui aniani be edeseni?
        Where is your (pl) food (asking more than one person)
2.   Varani hanuboi iteda bakadi idia henaoa.
        They stole our baccadi last night.
3.   Inai tauna be aiemai tano ia ura hoia.
        This person wants to buy our land.
4.   Taubada be aiemai gado ia ura kamonai.
        The expatriate wants to hear our language.
5.   Inai be daika ena maho?   Idiaedia.
        Whose is this yam?   Theirs.

Exercise 8:   How would you say these things in Hiri Motu?   Ready?

1.   Tell your friend Raka to go and hide in your house.
        Raka, oi lao komu lauegu ruma dekenai.
2.   Ask your friend Kila where he put his and your beer.
        Kila, iteda bia be edeseni oi atoa?
3.   Ask me, John, where my friends and I got the knife.
        John, kaia be edeseni umui abia?
4.   Tell my you went to the store and afterwards returned to your village.
        John, lau lao stoa dekenai ma gabeai lau giroa lao lauegu hanua
            dekenai.
5.   Ask your friend Posa has he eaten his food yet.
        Posa oiemu aniani oi ania vadaeni o lasi?

(Musik)

7.3 Singular and Plural in Nouns

Remember in section 4.1 (where we were talking about idia 'they') we said that in Hiri Motu words don't usually change from like they do in English to show that there is more than one of the things they refer to. For example, kekeni means 'girl' or 'girls' and we can't tell which until we hear the rest of the sentence it is used in.

However, as you saw in the conversation at the beginning of this unit there are some words that do change. Turana is one. It changes to turadia if there is more than one friend being talked about. There are a few words in Hiri Motu that do the same thing. Here is the set that do. Study them:

turana	turadia	friend
tamana	tamadia	father
sinana	sinadia	mother
kakana	kakadia	elder brother (for man speaking)
		elder sister (for woman speaking)
tadina	tadidia	younger brother (for man speaking)
		younger sister (for woman speaking)
taihuna	taihudia	sister (for man speaking)
		brother (for woman speaking)
adavana	adavadia	wife (for man speaking)
		husband (for woman speaking)
natuna	natudia	child
ravana	ravadia	father-in-law
vavana	vavadia	mother's brother, uncle (kandere in Tok Pisin).
lalana	laladia	father's sister, aunt
tubuna	tubudia	ancestors, grandparents, grandchild

Notice that these are all family relationship terms. All of these change na to -gu when you are talking to them. Remember we had turagu 'my friend'. So we get tamagu 'Dad', sinagu 'Mum" etc.

There are a few others words that change like this also, but only when they come after other words. Remember we had idau gabu tauna 'foreigner'. Well these are similar. Here they are:

gabuna	gabudia	place
tauna	taudia	person

negana	negadia	time
gauna	gaudia	thing

Oiemu natudia be hida?
Oi headava o lasi?

Examples:

idau gabu tauna	idau gabu taudia	foreigner, foreigners
hanua tauna	hanua taudia	village person, villagers
rei gabuna	rei gabudia	grassy place, grass places
mahuta gabuna	mahuta gabudia	sleeping place, sleeping places
manu abia gauna	manu abia gaudia	thing for catching birds, things for catching birds
medu negana	medu negadia	rainy time/season; rainy seasons.

Finally note that we can use <u>taudia</u> with <u>hanine</u>, <u>kekeni</u> etc to indicate 'folk' e.g., <u>hahine taudia</u> 'womenfolk'. We can't say <u>hahine tauna</u>.

Also <u>tau</u> and <u>mero</u> have special forms when they refer to more than one. Look at these:

tau	tatau	man, men
mero	memero	boys, boys

For example:

hahine taudia, umui noho.	'Womenfolk, you stay'
Tatau, umui helai.	'Men, you sit down'
Memero, umui toreisi.	'Boys you get up'

Study these and then do the following exercises:

Ready?

Exercise 9: Change these sentences so that they refer to more than one person being talked about instead of just one. For example, if I say Tau ia mai your answer should be tatau idia mai. Okay? But don't forget you will probably have to make more than one change. Ready?

1. Tubuna ia mase.
     Tubudia idia mase.

2. Mero, edeseni io lao?
   Memero, edeseni umui lao?
3. Hanua tauna ia lao gabu ta dekenai.
   Hanua taudia idia lao gabu ta dekenai.
4. Taihuna ia mahuta ruma dekenai.
   Taihudia idia mahuta ruma dekenai.
5. Tau ia heau mai lau dekenai.
   Tatau idia heau mai lau dekenai.
6. Natuna ia moru kone dekenai.
   Natudia idia moru kone dekenai.

Exercise 10: Say the opposite to these words. For example, if I say taudia you say tauna. Ready?

1. Tamana
      tamadia
2. turadia
      turana
3. tau
      tatau
4. henaohenao tauna
      henaohenao taudia
5. rei gabuna
      rei gabudia
6. tadina
      tadidia
7. mero
      memero
8. mahuta gaudia
      mahuta gauna
9. hahine taudia
      hahine
10. medu negana
      medu negadia

Exercise 11: How would you address or call out to these people:

1. your friend   turagu
2. your father   tamagu
3. your uncle   vavagu
4. you wife or husband   adavagu
5. your ancestor   tubugu
6. your sister   taihugu

Exercise 12: How would you say the following things in Hiri Motu? Ready?

1. Father-in-law, where is my wife?
      Ravagu, lauegu adavana be edeseni?

2. The village people went somewhere.
      Hanua taudia idia lao gabu ta dekenai.

3. My son, are your children asleep?
      Natugu, oiemu natudia idia mahuta?

4. The men and the boys went hunting.
      Tatau bona memero idia lao labana.

5. Mother, I am hungry, give me some rice!
      Sinagu, lau hitolo, raisi taina oi henia lau dekenai.

Supplementary Vocabulary

Sea	Chair
dina gauna	clock
torea	to write
duahia	to read
pikisa torea	to draw
penisol	pencil
buka torea tauna	author
sivarai torea tauna	reporter
pepa	letter
siaia	to send

---

1. taina - some people use sisina to mean "some"

Supplementary Vocabulary (Contd)

uma gabu	garden
biru gaukara tauna	agricultural officer, didiman
boromakau	cattle
raba	rubber
niu	coconut
kobara	copra
faktri	factory
ara	fence
gaukara tauna	worker
davana	money, pay
taravatu	prohibition, law against, taboo
vareai	to enter, go/come inside
tano	land
kopukopu	mud
nakimi	sister-in-law, brother-in-law
biaguna	boss, person in charge
ta	1
rua	2
toi	3
hani	4
ima	5

Classroom Exercises"

1. Family tree. Discuss.

2. Draw this family tree add say what these things are.

3. Picture talk: Video tape 4 Item 2: Passenger trucks.

Story: Translate this into English. Your teacher will correct it.

Dina ta memero rua bona sisia idia lao gadara gabuna dekenai. Vadaeni mero badana ia hereva ia gwau. 'Ei tadigu namona be ita lao hunia kurukuru dekenai iteda sisia dohore ia mai ma ia tahua ita. Ma tadina maragi ia hereva. Lau ura lasi hunia kurukuru lalonai lau gari gaigai ia koria garina. To ita lao tamagu ita itaia ma gabeai ita gadara. Vadaeni idia lao tamana dekenai.

UNIT 8

Story

Lesson Points

- Why Questions

- Ese - Subject marker

Unit 8

Listen to this short story about our son getting sick. It contains some new words but don't worry about those this time. Just see if you get the general idea of what the story is about. Here is the story.

Hanuaboi aiemai natuna ia mahuta <u>namonamo</u> lasi. Ia tai tai tai. Vadaeni sinana ia toreisi ia gwau. "Adavagu, <u>dahaka badina</u> natuna ia tai tai momo?" "Lau gwau, "<u>Sedira, badina</u> be ia gorere. Ita lao itaia." Vadaeni natuna ai <u>henanadaia</u>. "Edena bamona? <u>Dahaka dainai</u> oi tai?" Ia hereva." Badina be lauegu aena ia hisihisi dainai. Adorahi au <u>ginigini</u> ese lau egu aena ia gwadaia. Au ginigini lau <u>kokia</u> to aena ia <u>hisihisi</u>. Vadaeni sinana ese muramura ia atoa aena dekenai ma <u>murinai</u> ai <u>ibounai</u> ai mahuta namonamo. Vadaeni. Sivarai ia <u>doko</u> iniseni.

All right open your book and study the new words. Here they are:

namonamo	Well
dahaka badina	why? (=what reason)
sedira	I don't know, perhaps, maybe, I guess
badina be	the reason is, because
henanadaia	to ask
dahaka dainai	why? (what on account of)
hisihisi	pain
au ginigini	thorn
ese	no meaning--just shows which person or thing is doing the action
aena	foot, leg
kokia	to take out, pull out, remove, do away with
murinai	behind, afterwards
ibounai	all
doko	to stop

Now here is the story again. See if you can understand it better this time. Ready?

(story)

Right, now let's practise some of the new things in it. Let us start with some vocabulary.

8.1. Vocabulary Expansion Exercises

Exercise 1: Open your book and study these new words for fdifferent parts of the body. Here is a frame to put them in

    Frame: Lauegu <u>aena</u> ia hisihisi. My <u>leg</u> is paining.

kwarana	(head)
matana	(eye)
isena	(tooth, teeth)
bogana	(stomach)
imana	(hand)
aena	

Exercise 2: Vadaeni close your book and do these things. Ready?

1. Touch your <u>imana</u>. Right, that's your hand or arm. How would you say John, this is my hand.
   <u>Answer</u>: Inai be lauegu imana.

2. Point to your friend's <u>kwarana</u>. Right, that's his or her head. How would you say then 'I see her head.'
   <u>Answer</u>: Iena kwarana lau itaia.

3. Touch your <u>isena</u>. Your should be touching your teeth. All right now ask me, John, are my teeth paining.
   <u>Answer</u>: John, oiemu isena idia hisihisi o lasi?

4. I'm thinking of <u>matana</u>, what is that? Yes that is eye. All right tell your friend Kila to shut his eyes.
   <u>Answer</u>: Kila, oiemu matana oi koua.

5. Say this after me: <u>Aniani ia noho lauegu bogana dekenai.</u> All right what does that mean?
   <u>Answer</u>: The food is in my stomach.

Exercise 3: Open your book and study these new words. Here is a frame to put them in.

    Frame: Aiemai natuna ia <u>tai</u>. Our son is <u>crying</u>.

kiri	(laugh)
gadara	(play)
loaloa	(wandering about)
mavaru	(dance)
gaukara	(work)
boiboi	(calling out)
naria	(wait)
tai	

Unit 8 (contd.)

Exercise 4: All right now close your book and see if you can do these things. Ready?

1. Suppose you are married how would you ask your husband or wife does he or she want to go and dance in the village.
   Answer: Adavagu, oi ura lao mavaru hanua dekenai o lasi?
2. Say, John Please don't laugh.
   Answer: John, mani emu kara oi kiri lasi.
3. How would I say this: 'The men are wandering about on the road.
   Answer: Tatau idia loaloa dala dekenai.
4. Tell your friend John to call out.
   Answer: John oi boiboi.
5. There are a group of people working on the road. Tell them not to work on the road today.
   Answer: Hari dina umui gaukara lasi dala dekenai.

(Musik)

8.2 Dahaka badina, Dahaka dainai and other 'Why' Questions

There are three ways of asking someone why they are doing something. They are:

dahaka badina[1]	(lit. what reason/basis)
dahaka dainai	(lit. what on account of)
dahaka totona	(lit. what for in order to do)

All of these are very common but only the first two will be drilled in this unit. We will return to dahaka totona later.

You will now notice that when you use dahaka badina or dahaka dainai the answer will contain badina be and dainai. Badina be comes at the beginning and dainai at the end. Here are some example:

Dahaka badina oi tai?	Why are you crying?
Badina be lauegu aena ia hisihisi.	Because my foot is paining
Dahaka daiani oi tai?	Why are you crying?
Badina be lau gorere dainai.[2]	Because I'm sick

---

1. Some speakers say Badina dahaka instead of dahaka badina.
2. Some speakers leave off the badina be when they use dainai at the end.

3. Come to the University again the day after tomorrow.
   Kerukeru vanegai oi mai, Yunivesiti dekenai lou.

4. Are you happy again?
   Oi moale lou?

5. Don't get up. Go to sleep again!
   Oi toreisi lasi. Oi mahuta lou!

All right now try these exercises.

Exercise 5: Let's practise the question dahaka badina. We'll do this by making simple substitutions in this frame:

Frame: Dahaka badina oiemu <u>aena</u> ia hisihisi?
       (Kwarana, matana, isena, bogana, aena)

Exercise 6: Now let's practice the answer <u>badina be</u>. We'll do this by questions with the cues I give you in Hiri Motu. For example, I'll say <u>Dahaka badina oi tai</u> and then <u>lauegu kwarana ia hisihisi</u> and your answer will be <u>badina be lauegu kwarana ia hisihisi.</u>   dainai

1. Dahaka badina ia badu?   (iena sisia lao gwadaia)
   Badina be iena sisia lau gwadaia dainai.

2. Dahaka badina ia komu?   (ia badu)
   Badina be ia badu dainai.

3. Dahaka badina au umui utua?   (au ia dika)
   Badina be au ia dika dainai.

4. Dahaka badina oi gari?   (boroma ia mai)
   Badina be boroma ia mai dainai.

5. Dahaka badina idia kiri?   (oiemu matana ia mahuta kava)
   Badina be oiemu matana ia mahuta kava dainai.

Exercise 7: Now we'll make it a bit harder. I'll give you the cues in English this time. Ready?

1. Dahaka badina oiemu kwarana ia hisihisi? (because he hit it)
   Badina be ia botaia dainai.

2. Dahaka badina ia tai?   (because he is sad)
   Badina be ia lalohisihisi dainai.

3. Dahaka badina umui lalohisihisi.   (because our grandparent died)
    Badina be aiemai tubuna ia mase

4. Dahaka badina oi lao Mosbi dekenai   (because I want to buy food)
    Badina be aniani lau ura hoia.

5. Dahaka badina memero idia toreisi   (because they are angry)
    Badina be idia badu.

Exercise 8: Now let's practise the other question dahaka dainai. Here is a simple substitution exercise for you to do. Ready?

    Frame: Dahaka dainai mero ia tai?
(Kiri, hereva, badu, moale, gaukara, toreisi, tai)

Exercise 9: Now let's practice the answer to the dahaka dainai question. Remember this starts with badina be and ends with dainai. I will ask the question and give you a clue in Hiri Motu. You give the answer. Ready?

1. Dahaka dainai oi tai?   (lau gorere)
    Badina be lau gorere dainai.

2. Dahaka dainai idia gari?   (ruma ia dika)
    Badina be ruma ia dika dainai

3. Dahaka dainai umui giroa mai   (dala idia koua)
    Badina be dala idia koua dainai

4. Dahaka dainai au idia utua.   (vanagi idia ura karaia)
    Badina be vanagi idia ura karaia dainai.

5. Dahaka dainai sisia ia boiboi   (henaohenao tauna ia itaia)
    Badina be henaohenao tauna ia itaia dainai.

Exercise 10: This is a revision and test exercise. We have had lots of question forms now, so see how well you can do these. Ready?

1. What are you doing at the University?
    Dahaka oi karaia Yunivesiti dekenai?

2. What is her name?
    Iena ladana be daika?

3. Where is your village?
    Oiemu hanua be edeseni?

4. What did you say?
   Dahaka oi hereva?

5. Why are you happy?
   Dahaka badina oi moale?

6. Who died?
   Daika ia mase?

7. Why did they shoot the possum?
   Dahaka badina vaura idia pidia?
   Dahaka dainai vaura idia pidia?

8. Who killed his mother?
   Daika ese iena sinana ia alaia?

9. What did you cut this paper with?
   Dahaka dekenai inai pepa oi utua?

10. Why are they pulling down the church?
    Dahaka badina dubu idia kokia?
    Dahaka dainai dubu idia kokia?

(Musik)

8.3. Ese - Subject Marker

Ese is only used in sentences where someone or something is doing something to someone or something else. It is used in those sentences to show which is the subject or thing doing the action. It always comes straight after the subject. Look at the two sentences we had in the story again. Here they are:

au ginigini ese lauegu aena ia gwadaia	The thorn speared my foot.
sinana ese muramura ia atoa, iaena aena dekenai.	His mother put medicine on his foot.

In these two sentences au ginigini and sinana did something to something else so they are marked by ese. Here are some other examples:

kekeni ese sisia ia botaia.	The girl hit the dog.
Sisia ese boroma ia koria.	The dog bit the pig.
Boroma ese sisia ia koria.	The pig bit the dog.

If you look again at the last two sentences you will see that they contain the same words but in the first one the dog was the subject and in the second one the pig was. So it is useful to have ese to help tell us which thing did the action.

You will remember we learned before that we could say sentences like:

    sisia be boroma ia koria   The dog bit the pig.

where we used be instead of ese. That is all right but be is not equal to ese: Be is used in other sentences like tau be edeseni ia lao? where you can't use ese so do not think of them as being the same. We will try and explain be a bit more clearly later in the course for you. Here we are practising ese.

Exercise 11: This is a practise exercise to get used to ese. It is a simple substitution exercise. Ready?

    Frame: Sinana ese muramura ia atoa.
           (taubada, haroro tauna, tamana, gaukara tauna, sinana)

Exercise 12: What do these things mean? Ready?

1. Memero ese au idia utua.
   The boys cut the trees.

2. Hahine taudia ese aniani idia nadua.
   The womenfolk cooked the food.

3. Mariboi ese biku ia tahua uda dekenai.
   The flying-fox looked for bananas in the bush.

4. Lauegu turana ese oi ia itaia.
   My friend saw you.

5. Daika ese lauegu vanagi ia makohia?
   Who broke my canoe?

6. Henaohenao tauna ese daika ia botaia?
   Whom did the thief rascal hit?

Exercise 13: Now you can try making some sentences up for yourself. Okay, change these into Hiri Motu. Ready?

1. The pig ate the sweet potato.
   Boroma ese kaema ia ania.

2. The Expatriate bought the beer.
   Taubada ese bia ia hoia.

3. The bird did not see the possum.
   Manu ese vaura ia itaia lasi.

4. Who cut my book?
   Daika ese lauegu buka ia utua?

5. What did the man throw away?
   Tau ese dahaka ia negea?

Exercise 14: Here are some more difficult ones. Ready?

1. Why did the teacher hit the boys?
   Dahaka badina tisa tauna ese memero ia botaia?
   Dahaka dainai tisa tauna ese memero ia botaia.

2. Maybe John gave me the knife. I don't know.
   Sedira, John ese kaia ia henia lau dekenai. Lau diba lasi.

3. Did your friends see me at the market?
   Oiemu turadia ese lau idia itaia marketi dekenai o lasi.

4. What did your mother put in the mumu?
   Oiemu sinana ese dahaka ia atoa amudu dekenai?

5. Why did those men pull down the church?
   Dahaka badina unai tatau ese dubu idia kokia?
   Dahaka dainai unai tatau ese dubu idia kokia?

8.4. Conclusion

Here is the story again. Listen to it again and then see if you can tell it or make-up your own:-

Hanuaboi aiemai natuna ia mahuta namonamo lasi. Ia tai tai tai. Vadaeni sinana ia toreisi ia gwau, "Adavagu, dahaka badina natuna ia taitai momo?" Lau gwau", Sedira, badina be ia gorere. Ita lao itaia." Vadaeni natuna ai henanadaia, "Edena bamona? Dahaka dainai oi tai?" Ia hereva, "Badina be lauegu aena ia hisihisi dainai. Adorahi au ginigini ese lauegu aena ia gwadaia. Au ginigini lau kokia to aena ia hisihisi." Vadaeni sinana ese muramura ia atoa aena dekenai ma murinai ai ibounai ai mahuta namonamo. Vadaeni. Sivarai ia doko iniseni.

(Musik)

Supplementary Vocabulary

digu	to wash (persons or animals) to have shower.
huria	to wash clothes (to was something)
hadigua	to bath something or someone
rara	blood
rara ia diho	to bleed
hua davaria	to catch a cold
kuru	flu, snot (mucus in the nose)
mei	to urinate, pispis
kukuri	to defecate, pekpek
mei rumana (kukuri ruma)	toilet
kukuri rumana	toilet
kukuri gabuna	place to defecate
sipoma	ringworm, skin pukpuk
hisihisi sisina	to hurt a little bit
" " momokani	to really hurt
" " bada herea	to hurt every badly
" " momo	to hurt a lot.
taitai momo	cry a lot.
tai dikadika	cry very much/always crying
digu ruma	bathroom

UNIT 9

Conversation

Lesson Points

- Do, Dohore : Future(will)
- Edana Negai : When
- Neganai : When

Unit 9

Here is a story about my vavana who is a coffee grower in the highlands.
Listen to it and then study the new vocabulary given in your book.
Here is the story. (L stands for <u>lau</u> and V for my <u>Vavana</u>).

Lauegu vavana ia noho Niu Gini kahanai dekenai. Ia be kofe hadoa tauna ta. Ma dina ta lau lao ia dekenai ma ai ruaosi ai hereva hereva inai bamona,

L: Vavagu, dahaka oi karaia?
V: Kofe bin lau atoa dina dekenai badina be idia paripari. Lau huria guna ma gabeai lau atoa dina dekenai. Do idia kaukau. Idia kaukau neganai do lau abia lao atoa ruma lalonai.
L: Do oi huria lou?
V: Lasi. Nega tamona sibona lau huria. Nega momo lasi.
L: Edana bamona oi laloa? Edena negai do idia kaukau?
V: Sedira kerukeru vanegai bamona.

Vadaeni inai bamona ai ruaosi ai hereva hereva.

New Words

Niu Gini kahanai	on the New Guinea side
biru	dardening
kofe hadoa tauna	coffee grower
ai raruosi	(2), the two of us
kofe bin	coffee bean
inai bamona	like this
paripari	wet
kaukau	dry
huria	to wash
do, dohore	will (future tense)
neganai	at the time, when
sibona	only, once only
edana negai	When?
kerukeru bamona	about tomorrow, perhaps tomorrow, something like tomorrow

All right here is the story again. See if you can understand it better this time.

(story)

Vadaeni let us practise these new things some more. First let us start with some new vocabulary.

9.1 **Vocabularly Expansion Exercises**

Exercise 1: Open your books and study this vocabulary. Learn it by saying it in a sentence. Here is a frame to begin with.

Frame: <u>Kofe bin</u> do oi huria? Are you going to wash the coffee beans?

dabua	(clothes)
sieti	(shirt)
piripou	(trousers)
mereki	(plate)
kapusi	(cup)
sipunu	(spoon)
kofe bin	(coffee bean)

Exercise 2: Now study these new words and put them into this frame.

<u>Frame</u>: Vavana ese <u>raisi</u> ia ania. My uncle is eating rice.

vamu*	(meat)
egi	(eggs)
sioa	(ginger)
vaivai	(mango)
kuku	(tobacco)
raisi	

Notice that in this set when we say kuku ia ania we usually mean 'he is smoking'. It could also mean 'he is eating tobacco' but if we wanted to mean that we would have to add something else like 'he is really eating it and he is going to swallow it'.

....
———————————————————————————————————————

*<u>Vamu</u> has same meaning as Tok Pisin word <u>abus</u> meaning animal meat, fish meat, bird or reptile meat.

Exercise 3: All right now close your book and see if you can answer these looking at your book. Ready?

1. What do these words mean in English?

piripou	trousers (long/short)
sioa	ginger
kuku	tobacco
dabua	clothes
mereki	plate

2. Say these things in Hiri Motu. Ready?

egg	egi
mango	vaivai
shirt	sieti/seti
tobacco	kuku
meat	vamu

3. How would you say these things in Hiri Motu? Ready?

    1. They are boiling meat.
       Vamu idia nadua.

    2. Where are my trousers?
       Lauegu piripou be edeseni?

    3. We found some eggs in the grass.
       Egi haida ai davaria kurukuru dekenai.

    4. Wash all the plates!
       Mereki ibounai oi huria!

    5. This is her father's tobacco.
       Inai be iena tamana ena kuku.

All right if you think you know these here are some more.

Exercise 4: Open your book and study these words. Practise them in this frame.

    Frame: Haida be idia <u>kaukau</u>, haida be lasi. Some are dry, some are not.

bada	(big)
maraki/maragi	(small)
metau/metahu	(heavy)
lata	(long)
kwadogi	(short)
kurokuro	(white)
korema	(black)

Exercise 5: So far we have been using dekenai to mean 'in, at, on from' etc. There are however specific words to indicate most of these special meanings. Study the list given in your work. Here is a frame to put them in.

    Frame: Egi oi atoa pata <u>dekenai</u>. Put the eggs on the table.

henunai	(under)
latanai	(on top of, on)
vairanai	(in front of, infront)
murinai	(behind)
badinai	(inside)
dekenai	(beside)

Exercise 6: If you think you know them now look at the pictures in your book and answer these questions. Cover up the answers with piece of paper. Ready?

1.

    Q: Gaigai be edeseni ia noho?
    A: Gaigai be tini latanai ia noho.

2.

    Q: Au be edeseni idia atoa?
    A: Au be sea henunai idia atoa.

3.

    Q: Niu be edeseni ia gini?
    A: Niu be dala dekenai ia gini.

4.

    Q: Raisi be edeseni oi atoa?
    A: Raisi be mereki lalonai lau atoa.

5.

    Q: Tau be edeseni ia helai?
    A: Tau be traka vairanai ia helai.

Exercise 7: Vadaeni oiemu buka oi koua ma pepa oi abia ma inai pikisa haida oi karaia. Oi kamonai? Vadaeni.

    1. Sisia be lauegu murinai ia mahuta.
    (Did you draw a dog sleeping behind me? You should have).

    2. Gwarume is heau sinavai lalonai.
    (Did you draw a fish in a river? Good.)

3. Kokoroku ia helai fens latanai.
    (Did you draw a chicken or fowl on top of a fence? Good.)

4. Niu ia moru kekeni vairanai.
    (Did you draw a coconut dropping in front of a girl. Good.)

5. Boroma ia mase au henunai.
    (Did you draw a dead pig under a tree. Good.)

(Musik)

9.2 Do, Dohore: Future (Will)

So far we have been making sentences without worrying about whether they refer to the past or the future. In Hiri Motu we can distinguish between these times if we want to. In this unit we will concentrate on the future. You saw how to do this in the story at the beginning of this unit. What we do is use do. Look at these examples.

Do idia kaukau.	They will dry.
Do lau abia.	I will get it/them
Do oi huria lou?	You will wash it/them again/
Lauegu tamana do ia giroa mai hanua dekenai.	My father will come back hom.

Do is actually a shortened form of dohore. 'later on, afterwards' so we could use dohore instead of do in these sentences without changing their meaning. However, most people use do all the time.

Let us practise this now.

Exercise 8: Say these sentences after me changing do to dohore. Ready?

1. Do idia kaukau.
    Dohore idia kaukau.

2. Rabia do lau gabua.
    Rabia dohore lau gabua.

3. Dahaka do oi karaia?
    Dahaka dohore oi karaia?

4. Kokokoko do ia mase.
    Kokokoko dohore ia mase.

5. Iena sinana do ia hereva lou.
    Iena sinana dohore ia hereva lou.

Exercise 9:   Say what these sentences mean in English. Ready?

1. Biku do idia dika.
    The bananas will be no good/bad.

2. Muramura do ia inua lasi.
    He/she will not drink the medicine.

3. Do umui lao Kanbera dekenai?
    Will you (pl) go to Canberra.

4. Mero be do ia bada momodani.
    The boy will be really grown up.

5. Medikolo tauna do ia mauri lou.
    The medical man will come alive again.

Exercise 10:   How would you say these things in Hiri Motu? Ready?

1. Will you buy the lemon?
    Siporo do oi hoia?

2. Will the gardener come again tomorrow?
   Biru gaukara tauna be kerukeru do ia mai lou o lasi?

3. Where will you hide your money?
   Oiemu moni be edeseni do oi hunia?

4. Why will they kill the possum?
   Dahaka badina vaura do idia alaia?
   Dahaka dainai vaura do idia alaia?

5. All the villagers will die.
   Hanuataudia ibounai do idia mase.

(Musik)

9.3 Edana Negai?: When

Edana negai (literally 'at which time') is used to ask the question 'when'. It is used just like edeseni 'where'. It is also sometimes pronounced edena negai. Here are some examples:

Edana negai ia mase?	When did he die?
Edana negai do idia lao?	When will they go?
Edana negai oi moru?	When did you fall down?

Note that we can use edana or edena (which means 'which) with other words to indicate 'when too, for example:

Edana dina dekenai do oi mai?	On which day will you come?
pura	week
hua	month
lagani	year
hora (awa)	hour
taemu	time
dina	

All right learn these before doing the following exercises.

Exercise 11: Say what these sentences mean in English. Ready?

1. Edana negai idia ginidae?
    When did they arrive?

2. Edana lagani dekenai oi vara?
    In which year were you born.

3. Edana dina dekenai do umui giroa mai?
    On which day will you (pl) return?

4. Edana pura dekenai taunimanima ese amudu do idia karaia?
    During which week will the people make the mumu?

5. Edana negai peleini ia moru uda dekenai?
    When did the plane crash in the bush?

Exercise 12: Change these sentences into questions using edana negai.
Ready?

1. Aniani ia nadua.
    Edana negai aniani ia nadua?

2. Egi do oi ania?
    Edana negai egi do oi ania?

3. Iena taihuna ia mase.
    Edana negai iena taihuna ia mase?

4. Oi headava?
    Edana negai oi headava?

5. Mariboi ia roho lao au dekenai.
    Edana negai mariboi ia roho lao au dekenai.

Exercise 13: How would you say these things in Hiri Motu? Ready?

1. When were you sick?
    Edana negai oi gorere?

2. When did you kick you foot on the stone?
    Edana negai aemu oi botaia nadi dekenai.

3. In which year were you born?
    Edana lagani dekenai oi vara?
    Edana lagani lalonai oi vara?

4. At what hour will you go to the river?
    Edana hora dekenai do oi lao sinavai dekenai?

5. When will we roast our sago?
    Edana negai iteda rabia do ita gabua?

(Musik)

9.4. Neganai: when

Remember in section 7.3 you were introduced to neganai and negadiai meaning 'at the time of 'when' and at the times of/when/. All right well these forms can be used to express the idea of 'when in English. Study these examples:

Idia kaukau neganai do lau abia.	When they are dry I'll get them.
Oi helai neganai, lau lao.	When you sit down I go.
Medu ia diho negaidiai, lau noho hanua dekenai.	Whenever it rains I stay in the village.

Notice however, that in Hiri Motu the part of the sentences ending in neganai or negadiai comes first. Notice also that your voices rises.

Up in this part of the sentence too. Listen for this in the exercises that follow.

Exercise 14: Say what the following sentences mean in English. Ready?

1. Sisia ia mase neganai, kekeni ia tai.
     When the dog died, the girl cried.

2. Raisi ia noho lasi neganai haida oi lao hoia.
     When there is no rice you go and buy some.

3. Kokoko ia ania neganai, iena bogana ia hisihisi.
     When he eats cassowary, his stomach pains.

4. Teiprikoda umui haonia negadiai umuiemui buka umi koua.
     Whenever you switch on your taperecorders close your books.

5. Peleini ia ginidae neganai medu do ia diho.
     When the plane arrives it will rain.

Exercise 15: How would you say these things in Hiri Motu/ Read?

1. When I am sick I stay in the house.
     Lau gorere neganai lau noho ruma lalonai.

2. Who was crying when I went away?
     Lau lao neganai daika ia tai?

3. When I gave him clothes he was happy.
     Dabua lau henia neganai ia moale.

4. When I get a tooth ache I'll go to the medical assistant.
     Lauegu isena ia hisihisi neganai do lau lao medikolo tauna dekenai.

5. When they went to the garden they saw a cassowary.
     Idia lao uma gabu dekenai neganai kokokoko idia itaia.

(Musik)

9.5 Conclusion

Listen to the story you heard at the beginning of this unit again. Then see if you can tell a similar one yourself

(Musik)

Supplementary Vocabulary

guna	first, before (time)
gunaguna	long ago, in the beginning
idau negai	long ago, a long time ago
harihari sibona	just now, while ago
nega ta	sometimes
tubu	to grow up,
abiaisi	to lift something up, pick up
rakatania	to leave, leave it.
hanamoa	to make good, to improve
hanamoa	to make good, to improve
hadikaia	to spoil, <u>bagarap</u>
unai bamona	like that
kakakaka	red
laboralabora	yellow

Classroom Exercises

1. Teacher gives some practise with <u>ruaosi</u>, e.g., <u>umui ruaosi</u>, <u>ai ruaosi</u> <u>itaruaosi</u>, <u>idia ruaosi</u>.
2. Get class to make a cross-word puzzle.
3. Students tell what they did on the weekend, when they were young, etc.
4. Teacher gives a story in Hiri Motu for students to listen or read and then to answer questions about.

UNIT 10

Story

Lesson Points

- Vadaeni and Noho
- Direction Markers

UNIT 10

Here is a story about an accident. Listen to it and then study the new words given in your handout. Here is the story.

Hari dina lau mai neganai motuka rua idia bampa karaia. Idia bampa karaia neganai mero ta ia moru dala dekenai vadaeni ia mase. Ia mase momokani lasi, to ia mauri noho, to tauanina sibona ia manoka ma ia mase bamona. Iena uduna ia kehoa noho ma rara bada herea ia diho taiana bona baguna dekenai Vadaeni ai noho nega daudau lasi. Ma ai rakatania ma ai mai. Sedira amblans ia mai ma ia abia lao hosipele dekenai. Vadaeni dokona be inai. Tenkyu.

New Words

rara	blood
rara ia diho	bleeding
rara bada herea	a lot of blood
bampa	to bump, run into
tauanina	body
manoka	soft
bamona	like
uduna	mouth
baguna	forehead
taiana	ear
rakatania	to leave (it)
amblans	ambulance
dokona	the end
daudau	long way, long time
nega daudau	a long time
nega daudau lasi	not long time, a little while

Now listen to the story again and see if you can understand it better.

Hari dina lau mai neganai motuka rua idia bampa karaia. Idia bampa karaia neganai mero ta ia moru dala dekenai vadaeni ia mase. Ia mase momokani lasi, to ia mauri noho, to tauanina sibona ia manoka ma ia mase bamona. Iena uduna ia kehoa noho ma rara bada herea ia diho taiana bona baguna dekenai. Vadaeni ai noho nega daudau lasi. Ma ai rakatania ma ai mai. Sedira amblans ia mai ma ia abia lao hospetel dekenai. Vadaeni dokona be inai. Tenkyu.

Now let us practise the new things in this Unit some more. Here are some new words to begin with.

10.1 Vocabulary Expansion Exercises

Exercise 1: Open your book and study these words. Say them after me. Touch them or point to them on your body as we go through. Ready?

uduna	mouth
malana	tongue
bibina	lip
udu baubau	nose
aukina	chin, jaw
aiona	neck
pagana	shoulder
kemena	chest
turiana	bone
doruna	back
kudouna	heart
asena	liver
kununa	buttocks, arse
ima kwakikwakina	finger
aena kwakikwakina	toe
huina	hair
matuna	a hole

Exercise 2: All right now close your book and take a piece of paper. Draw a man on it and write the names of these parts on his body: When you are finished open your book and check your answers. All right draw your man. Finished? Now mark these parts:

(a) aukina huina
(b) kudouna
(c) pagana
(d) uduna
(e) kununa
(f) aena kwakikwakina
(g) udu baubauna
(h) kwarana
(i) bogana
(j) aiona

Exercise 3: Now open your book and study these new words. Say them after me. Ready?

mumuta	to vomit
gadoia boiboi	to belch, hiccough
nihi	to dream
heude heude*	to shake, shiver
hemaihemai	to itch
kakasia	to scratch, scrape
gudu	to swell
bero(lau) davaria	to be wounded
keru	cold
siahu	hot

All right now close your book. Say these sentences after me and say what they mean in English. Ready?

1. Boroma lau ania ma gabeai lau mumuta.
    I ate pork and then I vomited.

---

*heudeheude for people, mareremarere for ground, house etc. however, some people use mareremarere for people as well.

2. Lauegu gadona ia boiboi neganai ranu lau inua.
    When I belch or hiccough I drink water.
3. Hanuaboi lau mahuta ma lau nihi.
    At night I sleep and dream.
4. Lau keru neganai lauegu kopina ia heudeheude.
    When I am cold my skin shivers.
5. Lauegu imana ia hemaihemai neganai lau kakasia.
    When my hand or arm itches I scratch it.
6. Lau moru ma bero lau davaria.
    I fell down and wounded myself.
7. Lauegu aena lau botaia ma ia gudu.
    I hit my foot or leg and later it swelled up.
8. Dina ia siahu neganai lau digu sinavai dekenai.
    When the sun is hot I bath in the river.

Exercise 4: How would you say these things in Hiri Motu? Ready?

1. Did you dream last night?
    Hanuaboi oi nihi?
2. He shivers when he is sick.
    Ia gorere neganai ia heudeheude.
3. His tongue swelled up and was itchy.
    Iena malana ia gudu ma ia hemaihemai.
4. Don't vomit on the plate.
    Oi mumuta lasi mereki dekenai.
5. She belches when she drinks beer.
    Bia ia inua neganai iena gadona ia boiboi.

(Musik)

10.2 Vadaeni and noho

In the story you saw that <u>vadaeni</u> and <u>noho</u> were used after action words to indicate that something is finished or is still going on, e.g., we had

    idia bampa vadaeni   'they bumped'
    ia mauri noho   'he is still alive' or 'he is still living'
    iena uduna ia kehoa noho   'his mouth was staying open'

These are very common in Hiri Motu. Remember, however, that <u>vadaeni</u> may be pronounced <u>vadan</u> and <u>noho</u> as no. <u>Noho</u> may also be used in sentences like this:

    lauegu tamana ia tisa noho   'my father is still a teacher'
    motuka ia dika noho   'the car is still broken down'

<u>Exercise 5</u>: Repeat these sentences after me and then say what they mean in English: Ready?

1. Lauegu aukina huina lau utua vadaeni.
    I cut my beard off.
2. Iena asena ia dika vadaeni.
    His liver is no good.
3. Amblans ia ginidae vadaeni.
    The ambulance arrived.
4. Daika ena motuka ia moru vadaeni?
    Whose car fell down?
5. Taunimanima hida idia lao vadaeni?
    How many people went?

<u>Exercise 6</u>: Repeat these sentences after me and then say what they mean in English. Ready?

1. Dahaka oi karaia noho?
    What are you still doing or making?

2. Medu bada herea ia diho noho.
   It's still raining very heavily.

3. Lauegu kakana ia dokta noho.
   My bigger brother is still a doctor.

4. Kekeni ese rabia ia gabua noho.
   The girl is still cooking the sago.

5. Memero idia gadara noho hanua dekenai.
   The boys are still playing in the village.

Exercise 7: Say these sentences after me and change vadaeni to noho so that you indicate that the action is still going on. Ready?

1. Au ginigini lau kokia vadaeni.
   Au ginigini lau kokia noho.
   What does your answer mean in English?
   A: I am still pulling out the thorn.

2. Mero ia badu vadaeni.
   Mero ia badu noho.
   What does your answer mean in English?
   A: The boy is still angry.

3. Dabua idia huria vadaeni.
   Dabua idia huria noho.
   What does your answer mean in English?
   A: They are still washing the clothes.

4. Iena nakimi ese muramura ia inua vadaeni.
   Iena nakimi ese muramura ia inua noho.
   What does your answer mean in English?
   A: His brother-in-law is still drinking medicine or grog.

5. Haida idia kaukau vadaeni.
   Haida idia kaukau noho.
   What does your answer mean in English?
   A: Some are still drying.

Exercise 8: How would you say these things in Hiri Motu? Use vadaeni, noho and dohore or do in your answers. Ready?

1. How many girls are still living?
    Kekeni hida idia mauri noho?

2. He will give me my wages tomorrow.
    Kerukeru lauegu moni do ia henia lau dekenai.

3. The snake went under the stone.
    Gaigai ia lao nadi henunai vadaeni.

4. How many places have you seen?
    Gabu hida oi itaia vadaeni?

5. Will they want to make a traditional loincloth?
    Idia ura sihi do idia karaia?

6. Why are you (pl) still crying?
    Dahaka badina umui tai noho?
    Dahaka dainai umui tai noho?

7. Plenty of birds are walking around on the beach.
    Manu momo idia loaloa noho kone dekenai.

8. When did you cook the rice?
    Edena negai raisi oi nadua vadaeni?

9. Today I will bathe in the sea.
    Hari dina do lau digu davara dekenai.

10. The flying-fox is still sleeping in the tree.
    Mariboi ia mahuta noho au dekenai.

(Musik)

10.3 Direction Markers

You will have noticed from what we have done so far that in Hiri Motu we use <u>lao</u> 'to go' and <u>mai</u> 'to come' to indicate movement in a certain direction. For example:

abia lao	get + go	= take
abia mai	get + come	= bring
heau lao	run + go	= run there.
heau mai	run + come	= run here

Other directions can be indicated in a similar way by the following:

diho	go down	(movement downwards)
daekau	go up	(movement upwards)
loaloa	go around	(movement in no fixed direction)

Note that these can also be combined with one another but only in certain ways. Here are some common combinations:

<u>diho mai</u>	to come from above, descent (towards the speaker)
<u>daekau mai</u>	to come from below, ascend (towards the speaker)
<u>abia lou</u>	to take back.
<u>abia lao</u>	to take away
<u>abia mai</u>	to take towards the speaker, bring
<u>abia diho</u>	to take down
<u>abia diho mai</u>	to bring down (towards the speaker)
<u>abia diho lao</u>	to take down (away from the speaker)
<u>siaia diho</u>	to send down
<u>bubua diho</u>	to pour out, tip (water etc) down from high up.

Exercise 9: What do these utterances mean? Ready?

1. Pepa oi abia diho mai lau dekenai.
    Bring the paper down to me.

2. Hanua taudia idia daekau lao Kokoda dekenai.
    The villagers went up to Kokoda.

3. Kokokoko ta ia heau mai ai dekenai.
    A cassowary came running towards us.

4. Niu ia moru diho kopukopu dekenai.
    The coconut fell down into the mud.

5. Manu ese gwarume ia abia ma ia roho daekau lao iena ruma dekenai.
    The bird got the fish and flew away up to its nest.

Exercise 11: How would you say these things in Hiri Motu? Ready?

1. The wallabies will run away into the bush.
    Magani do idia heau lao uda dekenai.

2. A European man came down to our village.
    Taubada ta ia diho mai aiemai hanua dekenai.
    Tau kurokuro ta ia diho mai aiemai hanua dekenai.

3. He took his pig to the market.
    Iena boroma ia abia lao maketi dekenai.

4. Bring me my tobacco, please.
    Mani emu kara, lauegu kuku oi abia mai.

5. The chicken flew up and sat on the fence.
    kokoroku ia roho daekau mai ia helai ara latanai.

Classroom Exercises

1. Act out an accident scene in class.
2. Picture talks involving accidents or safety.
3. General knowledge quiz - ask questions in Hiri Motu about music, animals, the country etc. Get students to make up the quiz.

   Use questions: Edeseni
   Daika
   Dahaka
   Dahaka dainai/badina
   Daika ena
   Edena negai

4. Show video tape story and get class to discuss it, put the dialogue back on etc.

   Draw this funny man. Teacher gives information e.g., Inai tau be ia noho uda dekenai, au imana dekenai....

10.4 Story

Listen to this story told by Sive Gogei and write it out in Hiri Motu on a piece of paper and give it to your teacher to mark. Here is the story. Ready?

(Musik)

10.4 Story by Sive Gogei

Nega ta lau mai 4-mail dekenai vadaeni lau laka lou 6-mail kahanai negana ka ta be ia mai 4-mailo kahanai ia daekau 7-mail vadaeni moto-baiki ta ia diho mai 4-mail kahanai. Negana ka be ia saini Boroko kahanai ia ura laka gwauraia negana motobaiki ia mai ia pampa bona ia mase. Ia moru. Ia moru bona aena -- tau rua aena ia makohia bona imana ia makohia. Lau gini noho itaia noho polisi idia mai negana lau koua negana polisi idia stopu bona inai tau idia itaia bona idia abia. Idia lini negana amblansi ia mai tau lua idia abia lao hospitolo dekenai -- taurama hospitolo dekenai netana inai tau ia mase -- lua idia mase vadaeni. Vadaeni lau lao 6-mail dekena. Dokona be inai.

New Words

laka	=	raka
saini	=	'to give a signal, sign'
gwauraia	=	'about to' (see Unit 11)
bampa	=	bampa
lua	=	rua
stopu	=	stop
lini	=	rini
wantoki taudia	=	relatives, people from same ethnic or language groups.

UNIT 11

Conversation

Lesson Points

- Gwauraia
- Hegeregere
- Sibona

Unit 11

Listen to this conversation between two University students who are supposed to be going to lectures and see how much of it you can understand. Here it is:

(Knocking sound - tau ta be iduara dekenai ia pidipidi)

A: Pita, kara haraga, lau lao gwauraia.
B: O, O, edana bamona?
A: Ita ruaosi ita leiti vadaeni. Oi toreisi haraga.
B: O turagu lauegu aena ia dika. Lau raka hegeregere lasi. Lau noho. Oi sibona oi lao.
A: Madi, vadaeni oi noho. Lau lao. Bamahuta.

All right now study the new words given in your handout and then listen to the conversation again.

New Words

Kara haraga	be quick!
haraga	quickly
gwauraia	about to
leiti	late
hegeregere lasi	unable to/not enough
sibona	alone, only
durua	to help
pidipidi	knock (on door etc)
ita ruaosi	two of us, both of us

Ready now? Here is the story again:

(Knocking sound - tau ta be iduara dekenai ia pidipidi)

A: Pita, kara haraga, lau lao gwauraia.
B: O, O, edana bamona?
A: Ita ruaosi ita leiti vadaeni. Oi toreisi haraga.
B: O turagu lauegu aena ia dika. Lau raka hegeregere lasi. Lau noho. Oi sibona oi lao.
A: Madi, vadaeni oi noho. Lau lao. Bamahuta.

All right now let us learn some more new words. We will concentrate on those that describe how an action is done.

11.1 Vocabulary Expansion Exercise

Exercise 1.

Frame:	oi karaia haraga	Do it quickly
	metairametaira	slowly
	momokani	properly, truely.
	koikoi	falsely, pretend to false.
	nega tamona	once
	inai bamona	like this
	inai bamona nega hanaihanai	like this all the time
	namonamo	properly, carefully
	kava	for nothing, silly, stupid.
	kerere	wrongly
	haraga	

Exercise 2.

All right now close your book and tell me to do these things. Tell me

1. to pretend to sleep.
    Oi mahuta koikoi.
2. to eat properly.
    Oi aniani namonamo.
3. to sit down three times.
    Oi helai diho nega toi
4. not to do it wrongly.
    Oi karaia kerere lasi.
5. do it at once
    nega tamona oi karaia
6. Come to me slowly
    Oi mai metairametaira lau dekenai.

Exercise 3:

Now open your book again and study these new words. Put them in the frame I give you. Ready?

Frame:	Mariboi ia roho <u>ataiai</u>.	The flying-fox is flying in high
	ataiai momokani	very high
	ataiai sisina	not very high
	au ataiai	above the tree, in the tree
	ororo ataiai	above the hill/mountain
	daudau herea	a long way away, a long time
	maoromaoro	straight, straight away.
	gageva gageva	crookedly
	ataiai	

Exercise 4:

All right now close your book and say these things. Ready?

1. Lae is a long way away.
    Lae ia noho daudau herea.
2. I went straight to my mother.
    Lau loa maoromaoro lauegu sinana dekenai.
3. The bird flew above the church.
    Manu ia roho dabu ataiai.
4. The old man always sits in the village doing nothing.
    Nega hanaihanai tau buruka ia helai kava hanua dekenai.
5. He's not sitting properly he's only pretending to sit.
    Ia helai momokani lasi ia helai koikoi.

Exercise 5:

All right now study the action words given in your book. Say them after me with these sentences. Ready?

hanaia	to cross over
Laloki sinavai ai hanaia vadaeni	we crossed the Laloki River already.
boiria	to call out to, to summon someone to come
taunimanima lau boiridia vadaeni	I called out to the people already.
hadibaia	to teach
Motu gado oi hadibaia lau dekenai	You are teaching me Motu.
alaia	to kill
Dina ta gaigai badana ta lau alaia	I killed a big snake one day.
lulua	to chase
Memero ese kekeni idia lulua	The boys chased the girls
huaia	to carry on shoulder
Au oi huaia lao hunua dekenai	carry the log to the village (on your shoulder)

Exercise 6:

Close your book. How would you say these things? Ready?

1. Where is the teacher?
    Tisa tauna be edeseni?
2. Who killed the pig?
    Daika ese boroma ia alaia?
3. I chased the dog away.
    Sisia lau lulua vadaeni.
4. Did you call the village people to come?
    Hanua taudia oi boiridia vadaeni?
5. Why are you carrying this log on your shoulder?
    Dahaka badina inai au oi huaia?
    Dahaka dainai inai au oi huaia?

(Musik)

11.2 Gwauraia 'about to (do something)'

Actions which are about to take place are indicated by placing gwauraia immediately after the action word e.g.,

    lau lao gwauraia   'I am about to go.' or
                                              'I am on the point of going'
    manu ia roho gwauraia   'The bird is about to fly away'

Notice that lasi 'not' comes after gwauraia not before it e.g.,

    lau lao gwauraia lasi   'I am not about to go'

Notice also that you can use ura with gwauraia too and this gives the idea of 'intend to (do something)' e.g.,

    lau ura lao gwauraia   'I intend to go'
    boroma umui ura alaia gwauraia?   'Do you (pl) intend to kill the pig?'

Exercise 7.

In this exercise we will just practise using gwauraia to indicate 'about to'. All right say these sentences after me and then say what they mean in English. Ready?

1. Soldia taudia ese sinavai idia hanaia gwauraia.
   The soldiers are about to cross over the river.
2. Ai lao gadara gabuna dekenai gwauraia.
   We are about to go to the play ground.
3. Lau lao digu gwauraia to sopu lau mailaia lasi.
   I was about to go and have a bath but I did not bring soap.
4. Oi raka gwauraia neganai oi boiboi.
   When you are about to walk off call out.
5. Peleini ia giroa lou ai emai gabu dekenai gwauraia.
   The plane is about to return to our place.

Exercise 8:

In this exercise we will practice using ura plus gwauraia to mean 'intend to'. All right listen to these sentences and then add in ura and gwauraia in the right place to change the meaning to intend to do something'. Ready?

1. Oi lao digu?
   Oi ura lao digu gwauraia?
   What does your answer mean?
   A: Do you intend to go and have a bath?

2. Tisa tauna ese buka ia hunia.
   Tisa tauna ese buka ia ura hunia gwauraia.
   What does your answer mean in English?
   A: The teacher intends to hide the book.

3. Dahaka umui karaia?
   Dahaka umui ura karaia gwauraia?
   What does your answer mean in English?
   A: What do you (pl) intend to do?

4. Oiemu nakimi oi boiria vadaeni o lasi?
   Oiemu nakimi oi ura boiria gwaurai o lasi?
   What does your answer mean in English?
   A: Do you intend to call out to your brother-in-law or not?

5. Badu tauna ese Tisa tauna ia hamasea.
   Badu tauna ese Tisa tauna ia ura hamasea gwauraia.
   What does your answer mean in English?
   A: The angry man intends to kill the teacher.

Exercise 9: How would you say the following things in Hiri Motu? Be ready to use ura as well as gwauraia and ura gwauraia in your answers. Ready?

1. I want to sleep.
   Lau ura mahuta.
2. I am about to go to sleep.
   Lau mahuta gwauraia.

3. I intend to go to sleep.
   Lau ura lao mahuta gwauraia.

4. Heh, look, it's about to fall down.
   E, oi itaia, ia moru gwauraia.

5. I want to chase the pig.
   Boroma lau ura lulua.

6. Who wants to come?
   Daika ia ura mai?

7. The snake is about to go into the hole.
   Gaigai ia ura vareai matuna dekenai gwauraia.
   Gaigai ia vareai gwauraia matuna dekenai.

8. Do you intend to carry the log (on your shoulder) to the village, or not?
   Oi ura au oi huaia lao hanua dekenai (o lasi).

(Musik)

11.3 Hegeregere 'able to (do something)'

Hegeregere by itself means 'sufficient, enough, satisfactory, same as, in the right way, same as e.g.,

Inai be hegeregere	This is sufficient
Inai be hegeregere lau dekenai.	It is sufficient for me.
	It is all right with me
Raisi oi henia lau dekenai be ia hegeregere lasi	You didn't give me enough rice.
Inai motuka ruosi be idia hereregere.	This car is same as that one.

When it is used with action words it indicates 'not able to do something'. e.g.,

lau raka hegeregere lasi   I am not able to walk
(hegeregere lasi lau raka)

Notice that <u>hegeregere</u> may come before or after the action word.

Note also the following:

Inai peni be inai peni danu ia   'This pen is same as this one'
hegeregere.

Exercise 10:

Say these sentences after me. Ready?

1. Boroma oi utua hegeregere lasi.
   You didn't cut up the pig properly.

2. Inai kara ia hegeregere lasi.
   This is not the right way of doing things.

3. Turagu, ia hegeregere lau heau o lasi?
   Friend, is it all right that I run or not?

4. Lauegu kwarana ia hisihisi, lau laloa hegeregere lasi.
   My head is aching, I can't think properly.

5. Oiemu imana ia namo, oi torea hegeregere?
   Your hand is all right, can you write?

Exercise 11:

How would you say these things in Hiri Motu? Ready?

1. Can you put this fish inside the tin?
   Hegeregere inai gwarume oi atoa tini lalonai.
2. Okay, that's enough.
   Vadaeni, ia hegeregere.
3. The pig has a bad leg. It can't run.
   Boroma ena aena ia dika. Ia heau hegeregere lasi.
4. Friend, is it all right if I dance or not?
   Turagu, ia hegeregere lau mavaru o lasi?
5. They didn't give me enough pay.
   Moni idia henia lau dekenai be hegeregere lasi.
6. Your dog is same as mine.
   Oi emu sisia be lauegu danu ia hegeregere.

(Musik)

11.4 Sibona 'Only, Alone'

In the conversation you saw that in Hiri Motu we can use sibona "only," "alone" with oi, lau, ai etc. to indicate that someone is doing something by himself or a group of people doing something by themselves. e.g.

    Oi sibona oi noho   You stay by yourself.
    Lau sibona boroma lau huaia mai   I carried the pig here myself
                                                      or I was the only one who
                                                      carried the pig here."
    Umui sibona umui noho ruma dekenai   You (plural) stay in the house
                                                          by yourself.

Often we will hear that Hiri Motu speakers say things like Oi sibona, lau sibona, idia sibona, ita sibona etc to mean it's up to you/me/them/us etc. For an example, if you ask me if you could go to the football match I would most likely just say "oi sibona" its' up to you, I don't care.

    It is correct in Hiri Motu to say Umui sibona you (plural) alone, only, and no one else. Ita sibona we alone (including you).

    Ai sibona ai noho hanua dekenai   We alone live in the village.

Exercise 12:

    Simple substitution drill. Here is the frame:

    Frame: Lau ese boroma lau huaia
                (idia ese, ia sibona, ita sibona, idia sibona,
               ai sibona, oi sibona, idia ese)

Exercise 13:

1. Tamagu, ia hegeregere lau sibona lau lao taoni dekenai?
   Father, is it all right if I go to town by myself?

2. Ita sibona do ita gaukara.
   We alone will work.

3. Nega hanaihanai ai sibona ai karaia haraga.
   We (emphasis) always do it quickly.

4. Ia sibona manu rua ia pidia.
   Only he shot two birds.
   He alone shot two birds.

5. Moni oi henia lau sibona dekenai.
   Give the money to me alone (not to any others).

Exercise 14:

How would you say these things in Hiri motu. Ready?

1. Who is chatting? A: She (emphasis) is.
   Daika ia herevahereva? A: Ia ese.

2. Only he knows.
   Ia sibona ia diba.

3. He (emphasis) is washing your car.
   Oiemu motuka ia ese ia huria.
   Ia ese oiemu motuka ia huria.

4. Q: What are you doing?   A: I am sitting down by myself.
   Q: Dahaka oi karaia?   A: Lau sibona lau helai noho.

5. Q: What are you doing?   A: I am just sitting (doing nothing.)
    Dahaka oi karaia?   A: Lau helai sibona.

(Musik)

11.5 Story

Listen to this short description by Sive Gogei and write it out in Hiri Motu. Difference between meamea, puripuri and vada.
Write out from: Bema oi ura labana gwauraia negana.

Classroom Exercises:

1. Do some X-word puzzles. (see back page)

2. Students start giving short news items in Hiri Motu - 2 per lesson. They can choose anything that interests them - a traditional story, news item, picture etc.

3. Make up a video story.

4. Pretend you are an interpreter.

UNIT 12

Conversation

Lesson Points

- Totona, "In order to.."
- Adjectives

UNIT 12

Here is part of a conversation between some students who are going to make a mumu. One student comes from a place where they don't make mumu so he doesn't know what to do.

Vadaeni inai amudu karaia diba lasi tauna ia hereva, ia gwau,

    A: Edena bamona amudu do umui karaia?
    B: Nadi dekenai do ai karaia.

    A: To dahaka totona guri umui geia?
    B: Nadi siahu ai atoa totona. Nadi ai hasiahua guna ma gabeai ai atoa guri lalonai.

    A: Momokani?
    B: Io, ma gabeai aniani ai atoa nadi siahuna latanai, vadaeni gabeai ai koua. Biku rauna bona tano dekenai ai koua. Murinai, awa rua o toi bamona murinai aniani ia maeda.

    A: Namo herea. Vadaeni lahi ita karaia.

All right now study the new words given in your handout.

New Words

edena bamona	how
guri geia	to dig a hole, well
totona	hot
hasiahua	to make hot, to heat up something
lahi	fire
maeda	cooked
awa	hour
rua	two
toi	three

Vadaeni go over the conversation again and make sure you understand it. When you think you can understand it and have learnt some of it we will learn some more words and practise the new things some more.

12.1 Vocabulary Expansion Exercises

Exercise 1: In the conversation you heard someone asking how to make a mumu. In this exercise you can practise asking how to make other things. Here is the frame:

Frame: Edena bamona <u>rami</u> umui karaia? How do you make a grass shirt?

gana	armband
hera gaudia	ornaments, decorations
ageva	beads
kiapa	bilum
toea	armshells
varo	string
muko	handkerchief

Exercise 2: Vadaeni get a piece of paper and draw these things for me without looking at your book. If you can't you should go back and study Exercise 1 again. Ready?

varo, toea, kiapa, gana, muko

Exercise 3: Here are some useful words to describe parts of a fire. Say them after me and study them in your book. Ready?

lahiauna	firewood
lahi	fire
hururua	to blow on a fire
hiriria	to blow

ia hururu namonamo	its burning well.
ia araia	it's alight, it's burning
kahu	ashes
gida	charcoal
ia bodo	it's gone out
habodoa	to put out a fire, light, lamp
hamudoa	to cook in a mumu
kwalahu	smoke
ahu	lime (for chewing betlenut)

Exercise 4: All right now close your book and draw a picture of a fire and mark these on it. Ready?

>firewood
>charcoal
>smoke
>flame
>someone blowing it

Exercise 5: How would you use the words you have studied to say these things? Ready?

1. Bring some firewood.
    Lahi auna haida oi mailaia.

2. Light the fire.
    Lahi oi gabua. (o karaia)

3. Blow it carefully.
    Oi hururua namonamo.

4. Smoke's rising.
    Kwalahu ia daekau.

5. It's burning properly.
    Ia hururu namonamo.
    Ia araia namonamo.

6. Don't put it out.
    Oi habodoa lasi.

7. The fire's out.
    Lahi ia bodo.

Exercise 6: Simple substitution.

Frame: <u>Gana</u> oi karaia diba? Do you know to or can you make an <u>armband</u>.

  ira   axe
  maua   box (booden suitcase)
  gahi   stone club
  ikoko   nail
  uro   clay pot
  geda   mat
  bibo   jewish harp.
  gana

Exercise 7. Close your book and draw these things and show them to me. Ready?

  Maua, bibo, uro, geda, gahi.

Exercise 8: How would you ask me these things? Ready?

(1) Do you know how to cross the river?
  John, sinavai oi hanaia diba?

(2) Can you build a house (i.e. do you know how to)?
  John, ruma oi karaia diba?

(3) Do you know how to put the fire out?
  John, lahi oi habodoa diba?

(4) Can you see me?
    Lau oi itaia diba?
    John, hegeregere lau oi itaia?

(5) Can you get the armband of (i.e., do you know how to)?
    John, gana oi kokia diba?

12.2 totona 'in order to'

In Hiri Motu 'in order to (do something)' or 'so that (one might do something)' is expressed as you saw in the conversation by putting totona after the action word to which it refers.

Examples:

nadi siahu atoa totona guri ai geia	'We are digging a pit (in order) to put the hot stones in'
amudo karaia totona idia mai	'They came (in order) to make a mumu.'
Taubada gado ia diba totona idia hadibaia	'They are teaching the Expatriate so that he might learn (their) language'

Remember also that in section 8.2 we said that we could use dahaka totona as a question for 'why'. Note, however, that if you do use this question or get asked the answer will usually contain totona in it also.

Exercise 9: Simple substitution

> Frame: <u>Hera gaudia</u> karaia totona idia mai.
> (ageva, toea, amudu, gana, hera gaudia)

Exercise 10: Say these sentences after me and then say what they mean in English. Ready?

1. Nihi totona lau mahuta.
   I go to sleep to dream

2. Taubada gado ia diba totona idia hadibaia
   They are teaching the expatriate so that he can learn their language.

3. Q: Dahaka totona oi giroa mai?
   Why did you come back?
   A: Kuku lau abia totona.
   To get tobacco.

4. Manu pidia totona idia lao uda dekenai.
   They went to shoot birds in the bush.

5. Magani idia amudu totona nadi idia abia.
   They got stones to cook the wallaby in the mumu.

Exercise 11: How would you say these things in Hiri Motu? Ready?

1. All the village people went to put on decorations
   Hanua taudia ibounai herakaraia totona idia lao.

2. Why are you (pl) going hunting? (Use <u>totona</u> in your answer)
   Dahaka totona umui lao labana?

3. He is holding the fire in order to spear fish
   Gwarume gwadaia totona lahi ia dogoatao.

4. I came to you (pl) to teach you (pl) games.
   Lau mai umui dekenai gadara hadibaia totona.

5. The European man is standing up so as to see the wallaby.
   Taubada ia gini magani itaia totona.

(Music)

12.3. Adjectives

In Unit 1 you learned how to use wores like **name** 'good' **dika** 'bad' etc. which describe what something is like or how one feels. Now in other parts of the lessons so far youhave seen many of these words and others like them used to describe things. e.g., tau kurokuro, ranu siahu, etc.
All right here is a list of the most common words like these which we call adjectives:

namo (na)	good
dika (na)	bad
bada (na)	big
maragi (na)	small
lata (na)	long
kwadogi (na)	short
maoromaoro	straight
gageva	crooked
momokani	true
korikori	real
koikoi	false, untrue'
matamata	new, young
guna (na)	old, former (not for sense old)
idau (na)	different, some sort of
idauidauna	different kinds of
buruka	old (of living things)

goada	strong
auka	hard, difficult tight
manoka	soft, weak
siahu	hot (for both temperature and taste)
keruma	cold (of person, things)
paripari	wet
kaukau	dry (not of creeks, rivers)
kurokuro	white
koremakorema	black
kakakaka	red
laboralabora	yellow

Note there are several points to note about the form and use of adjectives in Hiri Motu:

(1) adjectives come after the nouns. For example:

mero maragi	small boy	ranu siahu	hot water
au lata(na)	long tree	dabua paripari	wet cloth(ed)
tau kurokuro	white man	hanua gunana	old (=former) village

(2) if there is more than one adjective numerals come last. For example:

ruma matamata ibounai	all the new houses
boboro kurokuro tamona	only one white hornbill
hahine buruka toi	three old women

(3) a few Hiri Motu adjectives 'take' the suffixes <u>-na</u> and <u>dia</u> to indicate that the nouns to which they refer are singular or plural provided they come after the noun and are not followed by <u>herea</u>, or masemase 'very'.

ruma namona	good house
ruma namodia	good houses
dala dikana	bad road

dala dikadia	bad roads
ruma namoherea	very good house/s
dala dika rohoroho	very bad road/s
tano auka masemase	very hard ground
ruma namona	the house is a good one/good house
ruma namodia	the houses are good ones/good houses

Those adjectives which normally behave in this way are indicated in the above set by showing <u>na</u> in brackets after each, though not all speakers may agree on some of these, especially the less frequently used ones like <u>auka</u> and <u>manoka</u> for example.

Finally remember that some nouns have a special form in the plural, e.g., <u>tau</u>, <u>mero</u> - see section 7.3.

<u>Exercise 12</u>: Open your book and say these things after me while you study them in your book. Ready?

dala maoromaoro	straight road
dala gagevagageva	crooked road
moni momokani	real money
moni koikoi	false money
tano auka	hard ground
tano manoka	soft ground
ranu siahu	hot water
ranu keruma	cold water
dabua paripari	wet clothes
dabua kaukau	dry clothes
kopina kurokuro	white skin
kopina korema	black skin
kopina kakakaka	red skin
kopina laboralabora	yellow skin

Exercise: 13 Now close your book and see if you can say what the following things mean in English. Ready?

au gagevana	crooked tree
aniani manoka	soft food
rata siahu	hot milk
kuku aukana	hard tobacco
uma gabu (korikori)	real garden
kuala koikoi	imitation crocodile

Exercise 14: This is a simple substitution exercise in which you will substituting other adjectives for <u>namona</u> given in the frame. Remember to add na to the adjectives given as cue. Ready?

Frame: Uda boroma <u>namona</u> ta ia heau mai.
(dika, bada, maragi lata kwadogi, namo)

Exercise 15: Now repeat the following frame substituting the adjective given as cue for <u>badadia</u> given in the frame. In each case dia must be added to agree with the noun <u>magani</u> is taken to be plural. Ready?

Frame: Magani <u>badadia</u> momo ita alaidia
(maragi, namo, lata, dika, bada)

Exercise 16: Change the following sentences from singular to plural and vice versa by changing these form of nouns, adjectives and verbs as necessary. Ready?

1. Tatau badadia idia gadara hanua dekenai.
   Tau badana ia gadara hanua dekenai.

2. Mero maragina ia raka dala dekenai.
   Memero maragidia idia raka dala dekenai.

3. Hahine burukadia idia lao taoni dekenai.
   Hahine buruka ia lao taoni dekenai.

4. Gwarume dikana ia hunia sinavai dekenai.
   Gwarume dikadia idia hunia sinavai dekenai.

5. Manu koremana ia helai au latanai.
   Manu koremadia idia helai au latanai.

Exercise 17: Give the Hiri Motu for the following sentences:

1. They came to get a little hot water.
   Ranu siahu taina abia totona idia mai.

2. Don't roll up the trousers!
   Piripou oi lokua lasi!

3. The rat went down inside this soft earth.
   Bita ia diho inai tano manokana lalonai.

4. When the new European arrives let's go
   Taubada matamata ia ginidae neganai ita lao

5. These boys are about to eat the cold food.
   Inai memero ese aniani keruma idia ania gwauraia.

6. Last night I shot a very large rat.
   Varani hanuaboi bita bada herea ta lau pidia.

12.4. Story

Here is a short story about how to make a mumu by Mari. Listen to it and then see if you can write it out. Your teacher will go through them with you afterwards. Here is the story.

(Musik)

Classroom Exercises

1. Explain how to make a traditional smoke or one using black (or stick) tobacco and newspaper. Here are some useful words:

baubau	'bamboo pipe'
lokua	'to roll up'
kuku auka	'black (or stick tobacco)'
makohia maragi maragi	'to break up into little pieces'

   See the video tape on rolling a cigarette.

2. Try describing how to do other things, e.g., how to chew betelnut, how to cook bananas. These are on video tape also.

3. Do a few more cross-word puzzles.

4. Talk about making mumus. Here are some useful words.

oi hedinaraia	'you explain, make a clear'
mumu karaia dalana	'The way of making a mumu'
lau ura dikadika	'I want it very much'
iena bonana lau kamonai.	'I smell it'
iena mamina lau abia.	'I taste it'
ia boela	'It's boiling'

HIRI MOTU CROSSWORD PUZZLE NO.1.

LAO

1. Namo lasi
6. Dahaka ia noho ruma vairanai?
7. Medu be dahaka?
8. Iena adavana ena tamana.
11. Ranu ia diho iena matana dekenai
13. Manu ia noho...rigina
14. Hahine bona daika idia headava?
15. Kahaka ia noho amudo dekanai?

DIHO

2. Ita ibounai...lao.
3. Ia noho gini...
4. Boromakau idia noho...murinai.
5. Lauegu tamana ena tamana
9. Lauegu tamana ena tamana
10. Dina 7 be dahaka?
12. Matana be dahaka ia karaia?

HIRI MOTU CROSSWORD PUZZLE NO:2*

	2	3	4	5			8	
10	11	12	13	14	15		17	18
19	20	21	22	23		25	26	27
28	29		31		33	34	35	
37			40	41		43	44	45
46		48	49	50	51	52		54
55	56	57		59		61	62	63
64		66			69	70	71	72
73	74	75	76	77			80	

DIHO

2. Mavaru neganai, inai gauna do ia durua
3. Kokoroku ia helai ..... latanai?
4. Manu ta lau ...., ma ia moru
5. Ia laloa, ma gabeai do ia hoia bamona
8. Iaena matana ia koua ma gabeai ia kehoa ma ia .....?
10. Hereva bamona
18. Ita bamona
41. Oi ania ma gabeai oiemu uduna do ia kakakaka
45. Kaia ena gaukara!
48. Kavabu bamona. Haida be loliwara gaudia, haida be kopi gaudia.
62. Kaia bamona

LAO

2. Aniani be momoherea lauegu - dekenai.
10. Tisa tauna bamona
17. Momo lasi .... sibona
19. Dina neganai davara do ia mai tano dekenai
25. Lao bamona
28. Bona bamona
33. Tau ta ena natuna ia botaia ma ia .....
40. Idia bamona to idia be momo
43. Mero badana bamona to ia headava
48. Ia lao Mosbi dekenai ma kekeni ia .....
55. Magani ena aniani be dahaka
61. Inai be aniani to ia noho au dekenai
69. Lau egu natuna kekeni be ia ..... guna
73. Iaena tau ..... ia manoka, ia mase lasi

---

*Originally designed by Rick Gray, UPNG, 1976.

HIRI MOTU

CROSS WORD PUZZLE

Diho

1. inai be manu
2. tano bona ranu
3. davara ia doko iniseni
4. dabai oi inua
5. .... ladana be daika?
7A. iena .... ladana be Mary.
9. inai be aniani namona.
10. tau ese boroma ia ....
15. lau lao ..... kukuri ruma dekenai
16. ai bona oi ....
18. sisia ..... boroma ia alaia.
19. ia bona ..... be iena.

Hanaia

1. manu badana
6. ia lasi?............ .
7. au ....
8. .... bamona.
11. oi gini lasi oi ....
12. ia noho au rigina dekenai.
13. lau gwadaia .... dekenai
17. nadi lau ....
20. unai lasi ....
21. iena = ia + ...

HIRI MOTU STORIES

Kuku Lokua Dalana

by Mari Mororoa (Tufi)

Kuku ena rokua dala be inai bamona. Tau inai kuku koremana ia abia ma ia utua ia lao maraki maraki ibounai ia ore ma ena pepa danu is ah/-/ darea ma dina haida be pepa ia kakasi ma manoka manoka. Bema pepa ia auka negana dohore ia /-/ kuku dore ia ania namonamo lasi. Inai dekenai kuku ia ah/-/ pepa ia kakasia ia ore ma kuku ia ah/-/ kuku koremana ia atoa ma ia lokua. Lokua ia ore ma ia ania. Ma dina haida be ia rokua bada negana dohore kuku be dohore ia abia namonamo lasi. Inai kuku be ia dahaka ia /-/ ah badabada ia lokua lasi. Metaira ia lokua ma ia ania. Inai sibona.

rokua = lokua		(to roll a smoke)
ia ore		finished
darea		to tear (paper, cloth)
manoka = manoka		soft, flexible, pliable
auka		stiff, hard
dore = dohore, do		
kuku ania		to smoke tobacco
lokua bada		to roll a smoke tightly
lokua metaira		to roll a smoke loosely

HIRI MOTU STORIES

Gori Ta: Karava Bona Ena Sisia Kwaiva
by Simon Lohia

Tau ta ladana be Karava. Iena sisia danu ia noho. Ena sisia ladana be Kwaiva.

Dina ta Karava be ia ura lao labana to Kwaiva be ia gorere. Karava ese ia naria ia lao bona Kwaiva ena gorere ia namo. Dina ta Karava ese Kwaiva ia hakaua lao. Vadaeni idia labana uda bada herea dekenai. Karava be ia diba unai uda lalonai be inai boroma danu ia noho. Vadaeni Karava be ia vareai lasi to Kwaiva be ia vareai guna ma boroma ta ia koria vadaeni. ia gini noho boroma dekanai. Karava be gaveai ia vareai neganai Kwaiva be boroma dekenai ia gini noho. Karava be ia moale dikadika. Vadaeni boroma ia huaia lao hanua dekenai. Ia moale danu. Unai dina dekenai inai ruaosi aria badana ta idia karaia. Vadaeni turadia ibounai idia boiridia vadaeni idia aniani. Dina ta idia ruaosi idia lao labana lou. Uda badinai idia ginidae neganai Kwaiva be ia vareai uda dekenai. Ia vareai neganai idia ginidae neganai Kwaiva be ia vareai uda dekenai. Ia vareai neganai boroma badana ta ia itaia vadaeni ia lulua. Boroma ia giroa ma Kwaiva ia piua doana dekenai vadaeni ia mase. Karava ia lao neganai Kwaiva ia davaria madi ia mase momokani. Vadaeni ia huaia lao hanua dekenai lalohisi danu. Vadaeni dokona be inai.

New Words

hakaua lao	to lead, guide
moale dikadika	very happy
aria	a feast
piua	to gore, to stab with tusk
doa(na)	pig tusk
lalohisi	(=inside pain) sorry, sad
lalohisi danu	sadly
koria	to bite

HIRI MOTU STORIES

Bita Bona Bava
by Simon Lohia

Nega ta bita bona bava idia ruaosi be ruma tamona dekenai idia noho. Idia ruaosi idia noho be namo herea badina be hepapahuahu ta ia vara lasi. Idia ruaosi edia gaukara be inai bamona. Bava be ia lao uma gabu dekenai. Adorahi idia ruaosi idia lou hanua dekenai. Idia ruaosi gwarume bona maho idia nadua idia ania. Gabeai idiaedia gaba idia abia idia botaia idia mavaru.

Dina ta mavaru badana ta ia karaia hanua ta dekenai. Unai mavaru dekenai bita bona bava danu hanua taudia ese idia boiria. Vadaeni idiaedia mavaru kohu idia abia vada idia lao. Idia ruaosi isia ginidae neganai hanua be taunimanima ese ia honua vadaeni. vadaeni idia ruaosi be maoro-maoro idia lao moale biaguna dekenai idia aniani guna ma murinai idiaedia hhera namodia idia atoa. Gabeai idia mavaru.

Hanuaboi medu bada herea ia diho, gadara gabuna dekenai. Vadaeni ia lao ela bona daba ia rere. Vadaeni taunimanima ibounai be hanua taudia ese idia boiria ruma ta ta dekenai. To bita bona bava madi idia boiria lasi. Vadaeni idia hemarai. Vadaeni bita ese turana bava ia hamaoroa, ia gwau, "Turagu, oi lao hagwa dekenai bona kopukopu dekenai oi noho. Tau ta ese oi ia ura abia neganai do oi koria. Lau be tano matuna dekenai lau noho. Nega ibounai lau raka lao hanua dekenai aniani bona kohu do lau hadikaia." Vadaeni idia ruaosi idia lao idia noho. Dokona be inai.

New Words

bita	rat	hera	decorations
bava	crab	maoromaoro	straight
hepapahuahu	to quarrel	moale biaguna	the person in charge of the festival

Bita Bona Bava (contd)

New Words

vara	to be born	hera	decorations
lou	to return	maoromaoro	straight
boiria	to call	moale biaguna	the person in charge of the festival
kohu	things, possessions	medu = rain	
honua	to fill up	ela bona	until
matuna	a hole	daba ia rere	day break
ta ta	each	hemarai	shame
gaba	drum	hamaoroa	to tell
vada	vadaeni	hagwa	swamp
		koria	to bite

HIRI MOTU STORIES

Lauegu Bese Taudia
by Simon Lohia

Lauegu tamana ladana be Lohia Sioni bona sinana ladana be Nou Raka. Idia <u>ruaosi</u> be Porebada taudia bona idia mauri noho. Lauegu tamana be <u>haoda</u> gaukarana ia karaia bona sinana be uma gabu dekenai <u>biru</u> gaukarana ia karaia. Idia ruaosi ese idia <u>havaraia taumai</u> ibounai be taurahani (8). Kekeni be hani (4) to kekeni ta be ia mase. Harihari be kekeni toi (3) bona memero hani (4) ai mauri noho, hanua dekenai. Aiemai bese lalonai ia vara guna be kekeni. Ia be ia headava hanua dekenai bona iaena natuna be ima (5). Murinai be mero ta ia vara. Ia be gaukara P.H.D. dekenai. Ia headava to natuna ta ia vara lasi. Iaena murinai be lau vara. Lau be lau headava lasi to lau gaukara Institiut ov P.N.G. Stadis dekenai. Lauegu murinai be kekeni ta ia vara. Inai hahine ena murinai be memero <u>maragidia</u> rua (2) bona kekeni <u>maragina</u> ta idia vara. Mero maragina ta be hanuabada Komuniti Sikulu dekenai ia sikulu. Kekeni maragina be hanua dekenai ia noho. Ia sikulu lasi. Vadaeni.

....

idia ruaosi	those 2, the two of them, both of them
vara	to be born
havaraia	to give birth to
lalonai	inside
maragi	small
taumai	we people, us
haoda	to fish
biru	garden

HIRI MOTU STORIES

Tatau Rua Sivaraidia Lau Gwauraia

by Simon Lohia

Dina ta tatau rua ruma ta dekenai muramura idia inua bona idia hereva hereva. Tau ta be ia badu kava dainai idia ruaosi idia heatu. Vadaeni hari tau ta ia toreisi hari ia badu kava tauna ena kwarana ia botaia kavabu dekenai. Vadaeni varavarana ese motuka dekenai ia udaia vada ia laohaia hospitala dekenai. Hospitala dekenai be hegeregere pura toi bamona ia noho. Gabeai ia rakalasi ia mai hanua dekenai. Vadaeni. Dokona be inai.

tatau	men
rua	two
mura mura	grog, medicine
heatu	argue
badu kava	to be angry for no reason
kavabu	bottle
varavara	relative
udaia	put in
vada	= vadaeni
laohaia	to take to
hegeregere	equal to
pura toi bamona	about three weeks
rakalasi	to leave, go outside, go away from a place

HIRI MOTU STORIES

Labana Neganai*
by James Terry

Dina ta mero ta bona iena turana idia lao uda dekenai. Vadaeni mero iena turana ia hamaoroa ia gwau, "Turagu, ita lao boroma ita alaia." Idia lao uda dekenai vadaeni uma gabu ta dekenai idia ginidae. Mero <u>ese</u> boroma ia itaia vadaeni turana ia <u>hamaoroa</u>, "Turagu, inai boroma ita gwadaia neganai ita abia diho sinavai dekenai. Unuseni ita <u>huria</u> bona ita <u>utua</u>." Vadaeni boroma idia alaia <u>murinai</u> idia abia diho sinavai dekenai. Boroma idia huria ma idia <u>gabua</u> bona idia utua. Vadaeni idia abia lao hanua dekenai. Idia mai hanua dekenai vadaeni <u>taunimanima</u> idia henidia vadaeni idia moale. Kuki tauna bona medikolo tauna danu be unuseni. <u>Kuki tauna</u> inai boroma <u>sisina</u> ia abia ma iena ruma dekenai ia <u>nadua</u>. Memero bona kekeni idia daekau kuki tauna ena ruma dekenai idia ania. Unai hanuaboi be taunimanima idia <u>mavaru</u> hanua dekenai. Vadaeni iseda gori be iniseni ia <u>ore</u>. Bamahuta.

ese	tells which thing/person is doing the action; subject marker
hamaoroa	to tell
huria	to wash something
murinai	and after that
gabua	to cook by burning over a fire
utua	to cut
taunimanima	people
kuki tauna	the cook
sisina	a little bit
nadua	to cook by boiling in water
mavaru	to dance
ore	to finish

---

1. This story is on tape in the Language Lab.

HIRI MOTU STORIES

Ka Bona Motobaiki Idia Bampa
by Sive Gogei

Nega ta lau mai 4-mailo dekena vadaeni lau laka lou 6-mailo kahanai negana ka ta be ia mai 4-mailo kahanai ia daekau 7-mailo vadaeni motobaiki ta ia diho mai 4-mailo kahanai negana ka be ia saini Boroko kahanai ia ura laka gwauraia negana motobaiki ia mai ia pampa bona ia mase. Ia moru. Ia moru bona aena -- tau lua aena ia makohia. Lau gini noho itaia noho polisi idia mai negana lau koua negana polisi idia stopu bona inai tau idia itaia bona idia abia. Idia lini negana amblansi ia mai tau lua idia abia lao hospitolo dekenai -- taurama hospitolo dekenai negana inai tau be ia mase -- lua idia mase vadaeni. Vadaeni lau lao 6-mailo dekena lau stori lauegu wantoki taudia danu. Dokona be inai.

New Words

laka	raka
saini	'to give a signal, sign'
gwauraia	'about to'
pampa	bampa
lua	rua
stopu	'to stop'
lini	rini 'to ring'
wantoki taudia	nakimi

HIRI MOTU STORIES

Toli
by Tom Dutton

Inai hanua ta dekenai tau ta bona hahine ta idia noho. Inai tau be Toli. Vadaeni dina ta inai tau be ia lao labana. Vadaeni ia lao inai uda dekenai, gabu ta dekenai, <u>ladana</u> be Gabidala. Unuseni ia labana. Inai dina dabai ia labana ia lao... dina <u>kahirakahira</u> ia diho magani ta ia davaria lasi. <u>Inai dekenai</u> ia hitolo, vadaeni ia lao uma gabu ta dekenai <u>To</u> aniani be lasi. Vadaeni ia hereva, ia gwau, "Ei, dahaka lau karaia? kahirakahira lau mase. Lau giroa lao hanua dekenai. "Vadaeni ia lao to dina ia diho ma hanuaboi ia ginidae. Vadaeni ia noho uda dekenai ma ia gari. Hanuaboi dekenai boroma bada herea ta ia mai ma tau ia toreisi <u>auri</u> ia abia ma boroma ia gwadaia to boroma ia mase lasi. Ia heau uda dekenai. Vadaeni tau ia helai lou. Ia mahuta lasi. Dabai dina ia toreisi vadaeni inai tau ia giroa lao hanua dekenai. Hahine be ia moale. Vadaeni. Tenkyu.

....

ladana	name
unuseni	there
dina	sun or day
hitolo	hungry
to	but
kahirakahira	close to, soon
Inai dekenai	because of that, therefore, consequently
giroa lao	return (=turn around and go).
auri	pig spear, spear with iron tip.

HIRI MOTU SIVARAIDIA

by John Baure (June 1977)

No. 1: Satadei Dabai Hoihoi

Satadei dabai maraki ta lau ura lao taoni dekenai lau hoihoi totonai. Dabai maraki ta lau ura lao taoni dekenai lau hoihoi totonai. Dabai maraki lau toreisi, lau diku ma lau aniani, vadaeni lau raka lao bas stop dekenai.

Unuseni lau gini dae neganai, taunimanima momo herea idia noho. Ai gini noho ma bas ta ia mai to ia hadokoa lasi. Ia heau sibona ia lao. Ma nega sisina bas ta ia mai. Inai danu ia gini lasi to ia heau sibona ia hanaia. Ma ia gini nega sisina bas marakina ta ia mai. Lau egu imana lau abia isi vadaeni taria tauna bas ia haginia. Lau hinanadai taria tauna dekenai. "Oi be edeseni oi lao?" Ma ia hereva ia lao taoni dekenai. Vadaeni lau guia ma murina dekenai lau helai.

Ai lao bona taoni dekenai ai ginidae. Vadaeni lau diho bas ena davana lau henia, ma lau raka diho lao B.P. ena sitoa badana dekenai. Sitoa badana dekenai lau loa loa aniani gaudia lau hoidia, hegeregere miti bona gwarume tini bona raisi bona aniani haida danu. Inai lau hoia murinai. Lau huaidia lao bas stop dekenai. To inai aniani be metau bada herea. Inai dekenai lau huaia be hegeregere lasi. Lau geroa lao takisi gabuna dekenai. Vadaeni takisi ta lau abia ma lau lao ruma dekenai. Vadaeni. Inai sibona.

HIRI MOTU SIVARAIDIA
by John Baure (June 1977)

No. 2:   Raka bona Tanu

Adorahi ta sikul ia ore murinai Raka bona Tanu idia ura lao gwarume idia tahua. Idia edia kimai idia bia, vadaeni idia lao edia bara danu idia abia. Idia raka diho lao kone dekenai. Edia vanagi marakina idia abia. Inaivanagi be maraki momokani. Taunimanima rua sibona ia guia hegeregere. Idia ruaosi idia bara daekau lao bona hanua daena dekenai.[1]

Vadaeni idia edia anika idia negea davara dekenai. Idia ruaosi edia kimai idia abia ma idia negea lao. Gwarume momo herea idia veria inai nega dekenai. Idia kimai ia lao bona dina ia diho kairakaira. Vadaeni edia kimai idia lokua hamatamaia. Idia ura giroa lou hanua dekenai.

Raka ena kimai ia veria nega nai ia auka mase mase. Raka be ia laloa, ia ena kimai be nadi dekenai ia kamokau. Ia ura ia ena Turana Tanu ia hamaoroa. To ena kimai mamina ia abia neganai be ia marere sisina, Raka ia moale, ia gwau inai be gwarume bada herea ia veria. Ia veria ia mai bona vanagi kairakaira. Ma ia itaia neganai be, ia be, bada herea momokani. Ma ia veria daekau kairakaira neganai iena kwarana ia hedinaraia neganai be hegeregere gaigai ena kwarana bamona. O! Raka ia gari dikadika, ia ura ena kimai ia negea neganai. Tanu ia gwau "E, oi veria inai be gau bada herea momokani."

---

1.   Hanua daena dekenai = hanua ataiai.

HIRI MOTU SIVARAIDIA
by John Baure (June 1977)

No. 3: <u>GUNAGUNA HEADAVA DALANA</u> (Part 1)

Gunaguna ita eda tamadia bona tubudia bona edia tamadia edia headava dalana be auka momokani. Badina be mero be ia gaukara goada vadaeni dore kekeni ia adavaia. Inai headava dalana sisina lau gwauraia.

Mero bema kekeni ta ia ura henia neganai. Ia gaukara goada, ma inai kekeni ena tamana bema uma matamata ia karaia neganai, inai mero ia lao ena uma gabu dekenai ia durua. Au badadia ia utudia bona uma gabudia ia karadia. Ia karadia ia goada -- mai goada danu. Bona ia lao uda dekenai ia labana neganai, ia magani o boroma ia alaia neganai, inai badadia be inai kekeni ena tamana dekenai ia henia. Badina be ia ura inai kekeni ena tamana ia diba ia be ia ena natuna kekenina dekenai -- ia ura adavaia totonai. Ma inai be hekwarahi bada herea. Badina be nega haida be dohore inai mero sibona inai uma bada herea ia utua. Au badadia badadia ia utudia diho -- ia hamorua. Ma varo ia abidia ma magu ia karaia. Inai be gaukara bada herea. Unai dekenai gunaguna memero be idia gaukara goada idia ura kekeni idia adavaia neganai.

Ma inai bamona ia karaia hanai hanai, ma inai kekeni ena tamana ese dohore ia itaia ia gwau, "O sedira inai mero be lau egu natuna ia ura dekenai lau egu gaukara ia karaia bona magani o boroma ia alaia neganai be hanai hanai ia mailaia lau dekenai". Vadaeni, dore ia ena natuna ia hamaoroa. "E natugu, sedira inai mero be oi dekenai ia uramomokani. Unai dekenai hanai hanai ia mai ia gaukara, uma gabu dekenai, o ia lao uda dekenai ia labana neganai, magani o boroma, vaura, o aria ia alaia neganai ia abiamai hanai hanai. Sedira lau laloa be ia ura henia oi dekenai. Vadaeni, inai kekeni dohore ia a -- laloa ia gwau, "O vadaeni tamagu, dohore lau ura inai mero dekenai." Ma inai kekeni be sinana ese dohore ia hamaoroa. "Vadaeni bema oi ura dekenai ma oi ia ena tamana bona sinana oi hadibaia. Hegeregere oi lao sinana danu ena uma gabu dekenai. Bema uma gabu dekenai maho ia geia, o biku ia abia, o tohu ia abia neganai, oi lao nega tamona ma oi durua."

"A bema ia lao ranu ia utua neganai, oi lao ena uro oi huaia, vadaeni ena ranu oi utua, o ena au oi abia." Bema inai kekeni inai bamona ia karaia idia itaia idia gwau. "O inai kekeni be ia ura itaeda natuna." Vadaeni inai be dohore idia lalohadai maoheni karana idia karaia.

Vadaeni Raka ia veria daekau neganai. O! inai be matabudi bada herea momokani ia veria. Idia ruaosi idia moale bada herea. To Matabudi idia veria daekau neganai vanagi be ia herererere lasi; badina be vanagi be ia maraki. Raka iaena matabudi ia daekau neganai Tanu ia gwau, "O namona be lau diho ma dohore lau nahu oi be vanagi oi bara."

Vadaeni Raka be vanagi ia bara lao ma Tanu be ia nahu. Imana be darima dekenai ia dogoatao. Ia nahu lao bona Kone dekenai ia gini dae. Iniseni ia kone dekenai idia ginidae neganai tamadia bona sinadia be idia naria noho. Ma Raka bona Tanu idia edia vanagi idia itaia neganai. O! gwarume momoherea bona matabudi badaherea danu.

Raka ena tamana bona sinana be idia moale bada herea inai memero rua dekenai. Vadaeni idia hakaudia lao ruma dekenai.

Vadaeni inai sibona.

HIRI MOTU SIVARAIDIA
by John Baure (June 1977)

No. 4:   MAO HENI KARANA   (Part 2)

   Inai maoheni karana be inai bamona. Bema inai mero ena tamana bona
sinana bona ena varavara, a-- aniani uma gabuna idia abia neganai biku badadia
o maho badadia o buatau a-- badadia idia abia lao. Vadaeni inai kekeni
ena Tamana bons sinana ena ruma dekenai. Inai mero Tamana bona sinana idia
daekau inai kekeni ena Sinana bona Tamana ena ruma dekenai. Inai gaudia
idia atoa diho, vadaeni, inai mero, taunimanima ibounai inai hanua dekenai
dohere idia diba. Inai mero be inai kekeni ean kohu ia abia lao. Badina
be ia ura maoheni ia karaia.

   Ma inai kekeni bona ena Tamana, sinana danu idia a-- davana idia karaia.
Aniani badadia o buatau, o a-- boroma o magani idia abia - idia abia lao
inai mero ena Tamana bona sinana ena ruma dekenai idia daekau ma inai gaudia
idia atoa. Vadaeni inai be maoheni idia karaia inai.

   Inai be hegeregere ena toana idia karaia taunima, hanua taudia idia
itaia. Inai mero bona inai kekeni, be idia ura dohore sedira idia headava.

   Ma inai bamona idia noho ia lao, bema inai mero tamana sinana, ena
varavara danu idia hereva hebou. Hegeregere vavana bona tubudia bona laladid
idia helai vadaeni idia hereva. Idia gwau "Inai mero, ena dava inai kekeni
do ita henia." Vadaeni inai be aria badaherea dohore idia karaia.

HIRI MOTU SIVARAIDIA
by John Baure (June 1977)

No.5: HEADAVA ARIANA (Part 3)

Hegeregere inai mero ena Tamana bona sinana ena Tamana ena taihudia, bona kakadia, bona ena vavadia. Sinana ena taihudia, kakadia, bona vavadia bona tubudia inai hanua dekenai bona haida be hanua haida dekenai hereva idia siaia, idia gwau "Inai taimu dekenai o nega dekenai dohore umui mai, vadaeni aria ita karaia."

Vadaeni inai taudia iboudiai be edia uma gabu dekenai idia lao, biku badadia idia abia tohu idia abia, maho idia abia. Haida be idia lao uda dekenai idia labana. Vadaeni boroma, magani, kokokoko, vaura idia alaidia idia abia mai. Vadaeni, inai be inai mero ena ruma vairana dekenai dohore patapata badaherea idia karaia.

Au idia atoa, vadaeni inai biku au dekenai idia atodia laini. Nega haida be ia atoa ia lao, o hanua ia gerea. A nega haida be bema hanua bada neganai kahana sibona. Ma maho be idia atoa patapata latanai, boroma inai gaudia. Vadaeni ena varavara danu idia huaia lao inai hahine ena kahana. Ma mero danu idia hakaua lao-- idia huaia lao. Sori mero be lasi.

A ma kekeni danu inai gauna idia atoa vadaeni kekeni be tamana bona sinana, lalana. Inai kekeni idia haheraia. Ena a-- rami ia--, o kuri, ia rihoa ena kiapa matamata a ena doa, o ena herahera gaudia idia atoa vadaeni idia hakauamai bona inai mero ena ruma dekenai. Vadaeni aria hanuaboi idia karaia idia mavaru.

Inai mero bona kekeni idia headava inai.
Vadaeni sivarai iniseni ia doko.

HIRI MOTU SIVARAIDIA
by John Baure (June 1977)

No. 6: <u>INAI BE DIKU DIKU DAVARA DEKENAI</u>

Guna 1975 lalona dekenai, aiemai dikudiku ta ai abia. Inai motumotu ia noho inai Gemo kaila -- kairakaira dekenai. Inai motumotu ladana be Lolirua. Dabai a--inai memero bona kekeni ibounai idia toreisi bona hahine tatau. Ai lao koki dekenai vanagi -- motuka dekenai ai guia. Vadaeni ai lao a-- mai-- Pot Mosbi inai Uapu dekenai.

Iniseni autbodi mota ta ai haea gauna ia mai vadaeni ai guia. Ai lao bona Lolorua dekenai. Ma inai autibot mota be ia giroa mai ma haida ma ia abidia. Badina be ai momoherea momokani. Ai lao iniseni ai dikudiku neganai be namoherea. Haida be edia kimai idia abia haida be a-- karaudi idia abia, haida be auri idia abia.

Ma lau be lau dikudiku ma inai mero ta ena auri lau abia lau lao gwarume lau tahua. Ma gwarume ai-- lau tahua ma o momo lasi foa bamona lau pidia. Ma ai mai ai gabua, ai ania. Ai dikudiku namoherea. Ia lao bona adorahi tri okoloko hegeregere ma mouta ia giroa mai vadaeni ai guia. Vadaeni ai mai ihuana dekenai be hurehure bada herea ia mai. Ma iniseni ai guia be haida be hailanisi memero danu. Ma idia gari dikadika. Idia gwau o vanagi ia motu be edena bamona ai karaia.

Ma hurehure ia mai neganai o idia gari hada herea momokani. Vadaeni, to ai a-- motu lasi to ai mai bona wofu dekenai ai gini dae. Vadaeni idia moale bada herea. Inai memero be idia gwau. O namo herea ita ginidae ai laloa be do kairakaira ita motu. Vadaeni ai ibounai be motuka dekenai ai guia. Vadaeni ai giroa lao ruma dekenai. Vadaeni sivarai ia doko iniseni.

HIRI MOTU SIVARAIDIA
by John Baure (June 1977)

No. 7: <u>LABANA UDA DEKENAI</u>

Hari be a-- uda dekenai ai labana ena sivarai lau gwauraia. Lauegu hanua dekenai bema ai ura labana neganai be inai bamona ai karaia. Bema ai ura kurukuru ai gabua ma magani bona boroma alaia totona neganai. Inai tano biaguna danu ai hereva hereva. Vadaeni ia gwau ia namo neganai. Taunimanima ibounai hanua taudia daika idia lao labana idia lao. A-- ai hadibadia.

Vadaeni dabai maraki ai toreisi neganai. Tata edia ruma dekenai idia diho, idia edia varo inai be reke hegeregerena, sisia bona io idia abia hakaua -- abia. Vadaeni idia lao -- idia raka. Inai be tamona tamona idia lao. Badina inai be helaga, o taravatu. A-- bema taunima iboudia hanua idia rakatania neganai, idia laloa inai be do idia labana neganai be gau ta idia alaia lasi. Inai totonai dabai maraki tau ta ia toreisi ia danu sibona ia raka. Ia lao ma inai gabu idia gwauraia gabunai ia naria. Ma ta danu inai bamona. Tamona tamona idia raka lao inai gabu dekenai idia naria. Vadaeni taunima ibounai idia ginidae, dina ia daekau nega--namonamo neganai vadaeni idia lao mai edia varo taudia.

Varo idia atoa, a uda kairakaira rei iamai ia doko gabuna dekenai. A-- haida be asi edia varo taudia be idia lao inai a-- rei idia hagegea.

Vadaeni lahi idia gabua inai lai ena kahana dekenai. Lahi ia ala-- araia mai. Ma inai mai varo taudia be inai varo murinai idia naria. Vada lahi ia ara-- alaia mai neganai boroma or magani be lahi ese ia lulua mai ina varo dekenai. A bema inai varo dekenai ia dini -- abia neganai. Inai varo ia naria tauna ena io ia abia vada ia gwadaia. A bema moro -- boroma

No. 7: <u>LABANA UDA DEKENAI</u>

o magani bema gabu ta dekenai ia lao neganai, inai kala-- dekenai idia gini taudia dekenai-- ese io dekenai idia gwadaia o sisia ese ia lulua ia koria. Ma inai be uda dekenai labana ena dala be inai bamona. Vadaeni bema boroma o magani hida idia alaia neganai. A-- iniseni idia ivaia, vadaeni taunimanima idia haria o idia henia tata dekenai.

    A-- inai momoru be idia ivaia -- boroma o magani idia ivaia momoruna be idia gabua ma edia biku o maho idia abia mai danu idia ania. Vadaeni, bema boroma momo o vaga -- magani idia momo idia alaia neganai vadaeni iniseni idia giroa lou hanua dekenai. Ma inai be lauegu hanua dekenai idia labana ena dala be inai bamona. Vadaeni iniseni itaeda sivarai ia ore.

HIRI MOTU SIVARAIDIA
by John Bauree (June 1977)

No. 8:   N.B.C. SIVARAI

Inai sivarai Mista SOMARE ena hereva auka ia henia. Se Tei Abal dekenai. N.B.C. dekenai idia gwauraia sivaraina lau dohore lau kiki ita kamonai. Mista Somare be ia lao hebou bada ia abia totona Inglani dekenai. Ma inai eleksin ena campeini o ena a -- totonai idia gini taudia inai Unaitid Pati dekenai be hereva aukana gavamani dekenai idia hereva. Idia gwau inai moni bada herea Gavamani ese ia haboioai hegeregere (K80 milioni) bamona.

Ma inai hereva idia gwauraia dekenai be Mista Somare bona ena gavamani be idia moale lasi. Ma hari be revareva ia siaia lao inai eleksin ia naria tauna badana dekenai. Inai eleksin ia naria tauna ia hamaoroa ina hereva be momokani o lasi mani idia tahua. A bema ia momokani neganai be inai taravatu ia makoia unai dekenai sedira Mista Somare be Se Tei Abal do kota dekenai do ia atoa. Inai bamona sivarai a-- idia gwauraia, a-- N.B.C. dekenai. Vadaeni sivarai sisina inai. Ini seniai ia doko.

HIRI MOTU SIVARAIDIA

by John Baure (June 1977)

No. 9: MOTUKA RUA IDIA BAMUPA

Adorahi ta lau gini noho, inai Badili dekenai. Ma motuka ta be ia diho mai tri mael ororo dekenai. Ta be ia mai taoni dekenai. Ma ia ura lao Badili kahana dekenai. Inai motuka be taoni dekenai ia mai gauna be ia mai ia hadokoa lasi, vadaeni inai motuka ia hanaia lasi to ia be ia heau hada herea momokani ia mai. Ma ia ura ia gegea -- hagiroa gwauraia inai motuka tri mael ororo dekenai ia dihomai gauna ese ia bampa. O idia bampa dika rohoroho.

Inai ka rna vairana be ibounai ia makohi. Inai glas ia makohia bona ina draeva danu be inai motuka -- a ka ese ia bampa ia dika dika. Ma inai ka ta danu be ena vairana ibounai ia makohi. To tau ta ia mase lasi. Idia be bero ba -- dikana sibona idia davaria.

Vadaeni idia rin a-- hospitil deke-- ambalansi dekenai vadaeni ambalanisi taudia idia mai bona polisi taudia idia mai. Ambalanisi taudia ese inai taunimanima idia motuka dekenai idia noho taudia idia abidia. Vada idia abidia lao hospitelo dekenai.

Ma polisi be inai motuka idia abidia siri dala kahana dekenai. Ma lau itaia neganai lau gari dika dika. Inai be a bampa dika rohoroho momokani.

Badina haida-- daraiva taua inai ka marakina dekenai be ena kwarana be kahana be ia makohi momokani. To una dekenai be sedira motuka ita taria neganai be ita naria namo namo danu ani?

Vadaeni lau egu sivarai sisina be ini seni ia ore.

HIRI MOTU SIVARAIDIA
by John Baure (1977)

No. 10: MAHO HADOA DALANA

Maho be aniani ta. Inai Sentrel Provins lalonai be maho be aniani badana. Taunimanima ibounai ese idia ania bona idia hadoa, idiaedia uma gabu dekenai. Maho hadoa dala be idau idau, a-- Sentrel Provins taudia dekenai. A inai be lau egu a sab provins kwikila gabu dekenai be dala taina inai bamona.

Maho be hahine taudia ese idia hadoa. Bona danu idia geia. Bema maho hadoa taimi ia mai neganai, hahine be inai gaudia ia karaia maho hadoa totonai. Ia be ia helaga[1] bamona. A-- ia ena tau danu nega tamona ia mahuta lasi bona gau daida danu ia a karaia lasi.

Ma dabai ia toreisi, dabai maraki momokani ia raka ia lao bona uma gabu dekenai. Inai maho ia hadoa gauna maho ena kwarana ia abia ma nega haida be maho ena meamea[2] ia gwauraia vadaeni gabeai ia hadoa. Ma inai dina dekenai maho ia hadoa ia lao bona ibounai ia haorea.

Inai be maho ena hadoa dalana. Ma geia ne - neganai danu be hahine ese idia geia. Badina be hahine taudia be idia diba momo, maho ena hadoa dalana, maho tubu[3] dalana bona maho ena geia dalana. Bema idia laloa inai helaga gaudia idia karaia neganai, maho idia geia neganai ma idia nadua neganai be o mamina namo herea momokani. Ma inai be gunaguna inai bamona idia karaia. Bona bema helaga idia karaia neganai. Maho idia geia neganai anina bada herea, bona namo herea danu. Unai dekenai hahine taudia, a-- maho geia neganai be idia sibodia idia geia bona idia idia hadoa. Ma hari neganai be inai dala ibounai be ia ore vadaeni. Badina be hahine bona kekeni be skul dala idia diba ma inai dala gunana be idia laloa boio vadaeni. Vadaeni inai helo--a ita eda kiki sisina iniseni ita hadokoa.

---

1. helaga - fasting
2. meamea - chant (magic words)
3. tubu - grow or to grow.

HIRI MOTU SIVARIDIA
by John Baure (June 1977)

No. 11:   TAU IA LAO LAE DEKENAI

Tau be laugu turana a-- ia be, Kwikila dekenai ia noho. Iaena kakana
pepa ia siaia mai, ma ia lao Lae dekenai gwauraia. Vadaeni ia mai peleini
ia diho gabunai seveni mael dekenai, Vadaeni pleini dekenai ia guia gwauraia.
Peleini dekenai ia guia neganai o ia hoa dikadika.

Inai peleini be bada herea momokani iaena lalona danu be bada herea
momokani. Bona iaena helai gabuna be o manoka manoka oi helai neganai oi
mahuta. Matana danu ia mahuta. Ma Tau ia guia neganai o ia moale bada herea.

Ma inai peleini dekenai danu be kekeni haida idia gaukara. Idia edia
ladana be idia boiboi ea hostes. Inai be bema taunimanima peleini dekenai
idia guia taudia a idia ura gauhaida, o edia ura durua neganai, inai kekeni
taudia idia mai. Inai peleini dekenai guia taudia idia durua.

Ma inai peleini be taunimanima rua idia taria karaia. Inai peleini
idia taria karaia taudia edia ladadia be edia boiboi paeloti. Ma idia be
idia diba momo. Inai peleini idia abia daekau guba atai dekenai.

Vadaeni ia roho neganai be o inai be hegeregere dala dekenai ia heau
bamona. Ma Tau be iahoa dikadika. Ia helai noho dau dau lasi ma peleini
ia diho. Ma iadiho Lae dekenai vadaeni Tau be ia hoa dikadika. Vadaeni
Tau be ia ena kakana be peleini naria gabuna dekenai ia naria. Vadaeni iniseni
itaedia hereva ia doko.

HIRI MOTU (POEM)
by John Baure (June 1977)

OI DAIKA

1. Oi daika lauegu ruma oi botaia?
   Oi daika lauegu ruma dekenai oi regerege
   Oi daika lauegu ruma oi hamarerea
   Oi daika lau itamu lasi.
   To lau diba oi noho?

2. Oi daika lauegu vaivai oi botaia?
   Oi daika lauegu vaivai dekenai oi regerege
   Oi daika lauegu vaivai oi hamarerea
   Oi daika lau itamu lasi
   To lau diba oi noho?

3. Oi daika lauegu buatau oi botaia?
   Oi daika lauegu buatau dekenai oi regerege.
   Oi daika lauegu buatau oi hamarerea
   Oi daika lau itamu lasi.
   To lau diba oi noho?

4. Oi daika mamimu lau abia.
   Oi daika lau diba oi noho
   Biku, tohu, niu bona gau ibounai idia marere marere.
   Io lau diba vadaeni - oi be LAI.

HIRI MOTU (POEM)
by John Baure (June 1977)

1. Kekenimu neganai.
   oi raka staelo, staelo,
   Emu rami danu kwadogi kwadogi
   Huimu danu mai hati danu
   Memero idia boiboi - "Fe-iva!"

2. Hari oi hahine neganai
   Oi raka igodiho, igodiho
   Emu rami danu lata momokani
   Huimu danu iduari lasi.
   Memero idia boiboi - "Wata prouf!"

3. Natuna oi abia neganai,
   Oi raka hemarai hemarai
   Emu rami danu miro dika dika
   Huimu danu kwatua kwatua.
   Memero idia boiboi - "heauboio!"

HIRI MOTU (POEM)
by John Baure (June 1977)

GAUKARA

1. Gaukara, gaukara, gaukara
   Dabai ia lao hanuaboi.

2. Gaukara, gaukara, gaukara
   Mandei ia lao Fridei.

3. Gaukara, gaukara, gaukara
   Weiki ia lao Fortinaiti

4. Dahaka totona?
   Oi diba. - Moni totona.

ISENA HURIA

1. Daekau diho, daekau diho
   Giroa garoa, giroa garoa
   Dabai hanai hanai

2. Daekau diho, daekau diho.
   Giroa garoa, giroa garoa
   Dinai hanai hanai

3. Daekau diho, daekau diho
   Giroa garoa, giroa garoa
   Ha nuaboi hanai hanai.

4. Kopimu be kurokuro momokani
   To oi segea hanai hanai
   Oi taeadi lasi -- A?

SKUL DROPOUT!

(Part I)

by John Baure (June 1977)

Ringo: Hei Tau edeseni oi lao?
Tau: A! oibe dahaka boiboi momo.
Ringo: Lasi lau henanadai. Edeseni oi lao.
Tau: Be lau lao gaukara.
Ringo: A ---. Gaukara oi abia vadaeni. -- edeseni ai?

Tau bona Ringo be Kaugere dekenai idia noho. Idia ruaosi be form two Kila KIla High skul dekenai idia haorea vadaeni idia noho kava. Idia edia tamana bona sinana be moni hegeregere lasi skul davana karaia totona. Unai totona Tau bona Ringo skul idia rakatania.

Tau be kekeni iena tadina be kekeni toi bona mero tamona. Inai mero ena ladana be Koivi, ma ia be ia skul lasi. Ringo be mero ma ia ena kakana badana be rua, Kuti bona Joe. Idia danu Kila Kila High Skul dekenai form two idia haorea ma gaukara idia davaria lasi ma idia noho kava. Edia tamana be Moko. Ia be tri maele hospele dekenai ia gaukara. Moko ena natuna be fai, memero toi bona kekeni rua, be ibounai be Kaugere dekenai idia vara.

Ringo: Lasi lau laloa be oi gaukara lasi.
Tau: Ma oibe edena bamona, oi gaukara lasi?
Ringo: So-o lau taeadi momokani. Gaukara totona gabu ibounai lau raonia vadaeni.
Tau: Ma Koivi oi itaia? Ia be dabai momokani ia boio.
Ringo: OKoivi be Kuti bona Joe danu bolo idia abia ma idia diho idia futi bolo totona.
Tau: A - a - Ma oi be dahaka oi karaia noho?
Ringo: Bas lau naria. Lau ura lao taoni dekenai.
Tau: Be dahaka totona?
Ringo: Lasi varani lau lao inai Steamships edia hadiwea stoana ia noho ela bisi dekenai gaukara totona. Ma bosi tauna ia hereva mero ta idia ura.

Tau: O, oi laki inai gaukara ta oi davaria vadaeni.
Ringo: Io to. Ia hereva lau lao taoni dekenai ma inai Steamships edia
        -- ladana dahaka ---? a per -- personal officer dekenai.
Tau: Be dahaka totonai?
Ringo: Inai bosi tauna ia hereva be, hari lau lao lau egu ladana ia torea
        guna gabeai gaukara ia henia.
Tau: That's good bro. -- oi gaukara gwauraia inai.
Ringo: Io lau moale bada herea inai. Badina be ai emai ruma be aniani
        lasi.
Tau: O ai danu. Lau be dabai lau toreisi vadaeni ti sibona lau inua.
        Badina dadi moni ia abia gauna be ruma bona ranu ena davana ia karaia.
        Bona tadigu rua ena skul iunifomu ia hoia. Ma aniani moni be bada
        lasi. Ia ore vadaeni.
Ringo: Sis, oibe oi laki, oi gaukara vadaeni.
Tau: Lasi hari be oi lau koia. To momokani be sedira hari lau stati.
Ringo: O --- Inai be edeseniai?
Tau: O --- inai saina tauna ena stoa ia noho foa maelo dekenai.
Ringo: MOmokani?
Tau: Io -- Inai sinabada ia hereva hari lau lao taubada dekenai.
        Vadaeni dohore gaukara ia henia.
Ringo: Lau danu hari dohore lau gau kara stati.
Tau: O -- bas ta ia mai inai. Ringo oi itaia inai be edena basi?
Ringo: O -- sis inai be foa maela bas.
Tau: Vadaeni lau lao guia.
Ringo: Bamahuta Tau.
Tau: Bamahuta Ringo -- see you.

www.ingramcontent.com/pod-product-compliance
Lightning Source LLC
Chambersburg PA
CBHW080855010526
44117CB00014B/2254